ママとボク パパとワタシの

国公立・私立
小学校受験に
そなえる

お受験
工作教室

湯原絵画教室主宰
湯原 利枝 著

ルネッサンス・アイ

工作に求められること

国立、私立小学校の受験問題に、絵画だけでなく、様々な工作の問題も出題されるようになっています。

絵画ならその子どもの持っている独創性だけでも勝負できますが、工作となると話は別です。

まず、工作を作るための道具である、はさみやのり、セロテープ、ホチキスの扱い方から、紙の折り方、工作の付属品となるモールやわりばし、ストローのアレンジなど、実に多彩な要素が発生します。

そして、わずか20分足らずの間に工作物を完成させるには、その基礎を日頃から練習しておくことが大切です。頭で分かっていても、手が動かないと時間内に作り上げることは難しくなります。

工作の問題では、グループ（4〜8人の子ども）で作り上げる問題と一人で作る問題、たとえば紙コップと紙皿だけを渡されて自由に工作物を作る問題、あるいは「お面を作る」というように工作物を指定されることもあります。

どんな問題にも子どもは一度でも扱ったことのある素材、やったことのある作り方、また、いろいろな素材の組み合わせを経験することで、やっと自由な発想の入り口に立つことができます。

子どもらしい楽しいアイデアや発想が求められる自由工作は、こうした基礎をふまえた上で、さらにその先にあるものであると思います。

試験問題で工作が出題される意図の一つには、「その子の持つ豊かな個性」を判断したり、グループワークでは「リーダーシップを発揮できるか」、「人との協調性」なども判定されます。

本書では、道具を扱う基礎や、すべての工作の基となる「箱の作り方」、「さまざまな素材で作る工作物」など、小学校受験に想定される必須アイテムを、難しい説明でなく目で見て分かるように、写真で丁寧に解説しました。

小学校受験の子ども達には初めて見るものが多いと思います。お子様に教えてさし上げるお母様方が、写真を見て理解できれば、お子様に教え、一緒に楽しみながら作ってみることができます。

私は受験のためだけでなく、子ども達が工作を好きになり、手作りで自由にいろいろな物を作っていく喜びも分かってほしいと願っています。

子どもの豊かな発想力は、時に大人の常識や固定観念も変えてくれるほどの力があります。

工作を通じて、より豊かな感性を広げていっていただきたいと思います。

著者　湯原 利枝

もくじ

P11~ はさみの使い方

P23～

のり・セロテープ・ホチキス・パンチの使い方

P29～

紙を折る 箱を作る

P61～ モール・わりばし・ストロー・筒の使い方

P69～ さまざまな素材で魚を作る

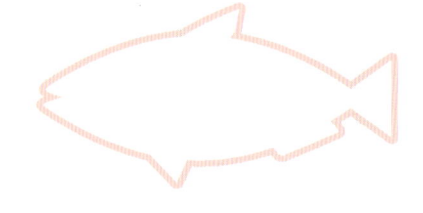

P77~ 紙皿と紙コップで立体的な工作を作る

P85~ 紙を立たせてみよう

P95~

過去の受験問題と解答例

はさみの使い方

はさみを上手に使えれば
工作は短時間で完成できます

はさみの使い方

（紙）工作の中で、はさみの使い方は大変重要です。はさみの使い方に慣れていないと、時間の限られている受験で作業をうまく進めることができません。紙の切り方や手の動かし方の基礎をしっかり覚えましょう。受験で用意されるはさみはほとんど右利き用なので、左利きの方は右利き用のはさみで練習する必要があります。

※はさみには右利き用と左利き用のものがありますが、ここでは右利きのはさみの使い方を紹介しています。

指を入れる穴は大きさの違うものと同じものがあります。

はさみは紙に向かってまっすぐに持つ

はさみはまっすぐたてて使いましょう。はさみを寝かせて使うお子さんが多いので、はさみをななめに傾けないように注意しましょう。

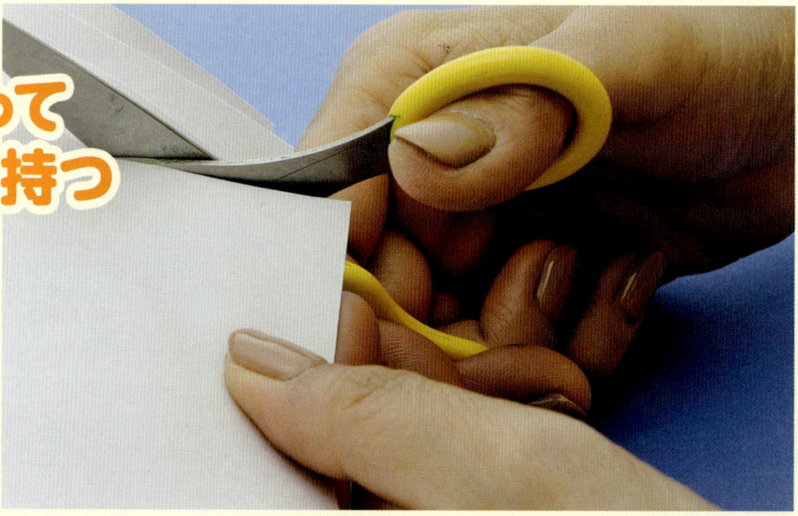

正しい切り方

はさみは大きく開いて、しっかりはさんで刃先まで使いましょう。

刃先

のど

悪い切り方

はさみの使い方を間違えると紙の切り口がきたなくなる

のどだけ使って細かく切ると、紙の切り口がギザギザになり、紙を切る時間もかかります。

はさみは前に切り進むようにしましょう。はさみを後ろに戻すと、紙にささくれができてしまいます。上に押すような感じで切りましょう。

線の真ん中を切る

工作の受験では様々な問題が出題されます。白い画用紙の上に線が描かれていて、その線の真ん中や外側、内側を切る。といった、小さな子どもには難しい問題が出されます。まず、はさみを上手に使って、線の真ん中、外側、内側を切る方法を覚えましょう。

◀はさみで線の真ん中を切り進めていきます。

◀紙を切り進めると同時に、紙を持っている左手も一緒に進めていきます。左手は、はさみの真横か、少し先で紙をおさえるようにします。

線の外側を切る

1 線の外側を切る時は、余白が出ないように線のギリギリを切り進めましょう。

2 線の外側を切り進め、カドまで来たら、はさみを大きく開いて、はさみを動かさずに紙を大きく回して、紙の向きを変えて切り進めます。この時、はさみの向きは変わりません。

3 カドまで来たら、同じようにはさみを広げて紙を回し、線の外側を切ります。

線の内側を切る
形を切り抜く

1

紙のはしから切り込むことができない場合は、はさみを持つ前に、線の真ん中あたりをつまみます。

2 はさみを持って、切り込みをななめに入れ、紙を開きます。

3 切り込みにはさみを入れて、カドまではさみを進めます。

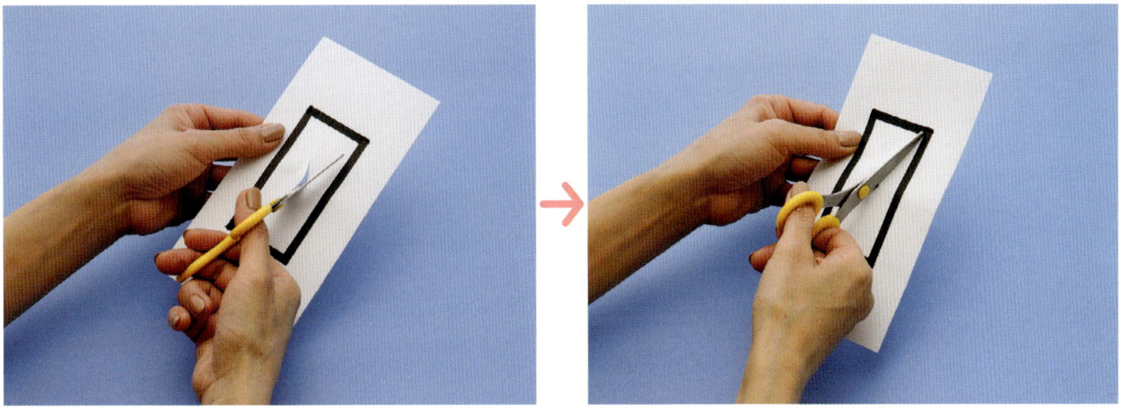

4 カドまできたら、はさみを大きく広げて、紙を回します。

5 線の内側ギリギリに切り進めましょう。カドまで来たら、同じようにはさみを大きく広げ、紙を回して切り進めます。

まるく円を切る

線の内側を切るときと同じように、円の真ん中あたりをつまみ、切り込みを入れてから切り進めます。

ここでは円の外側を切ってみます。円にそって斜めに切り進めます。
右利きの方は反時計回りに、左利きの方は時計回りに切り進めます。

はさみの向きは変えずに、右手は、はさみを大きく広げゆっくり閉じる、という動作を繰り返します。これと同時に紙をゆっくり回して円を切っていきます。

紙を回しながら切ります。

線の外側が切れました。

紙を回して切らないと、切り口がギザギザになり、なめらかな曲線に切ることができません。

線を一度に切る

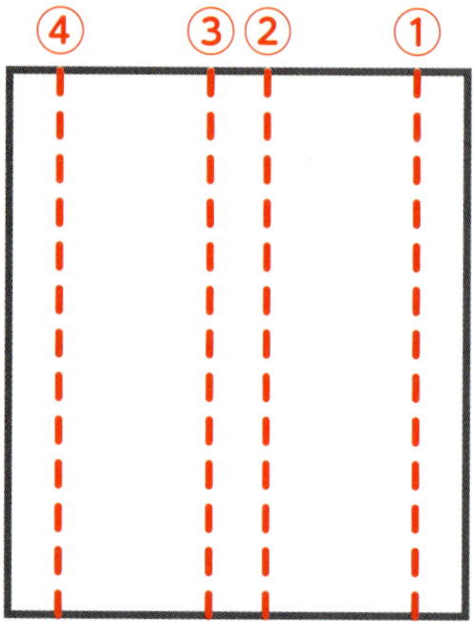

赤い点線部分を切っていきます。

形が直線であり、しかもきれいに並んでいるものを早く切る方法です。机の上に切り落としたゴミをどう処理するのかということも時間短縮には大事な要素になってきます。ゴミの後始末もきちんとできるように練習しましょう。

1 一つずつカドで曲がって形を切り抜くと時間がかかるので、きれいに直線がそろっている場合は、カドで曲がらずにはしからはしまで切ってしまいます。切り落としたゴミは右側へ落とし、使う紙は左側へ落とします。ゴミと使う紙を机の上に落としたら、いちいち触れないようにしましょう。

2 右側から順番に切ります。①～③は向きを変えません。④は紙が持ちづらいので、上下を回転させ、左手でしっかり持ち直してから切ります。これで縦の線は全て切れました。

3

次は横線を切っていきます。
右側から順番に①～⑤を切ります。

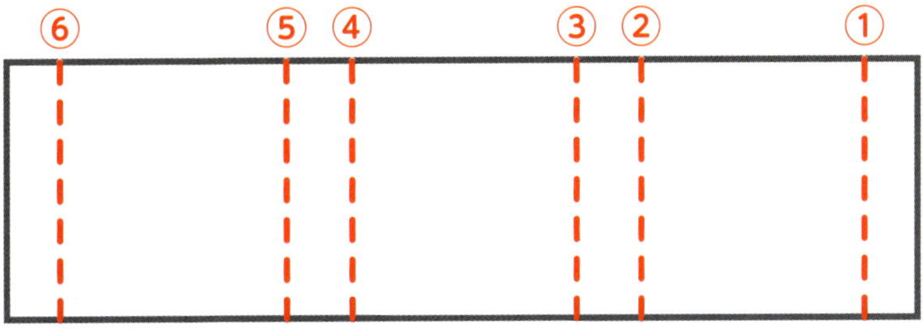

4

⑥は縦線と同じように向きを持ち変えてから切ります。

▲同じようにゴミは右側へ、使うものは左側へ落とします。

使うものは左側へ、ゴミは右側へ、使ったはさみは刃を閉じて机から落ちない場所に置きます。使うものとゴミを分けることで、使うものをあやまって捨ててしまうことを防げます。

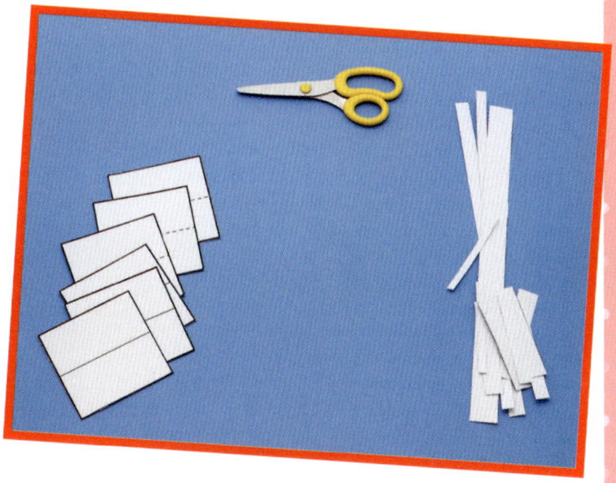

ゴミの処理の仕方

切ったゴミは両手で集めて、右手で手前に寄せて、ゴミが落ちないように両手に持ち、所定の場所へ一度に捨てます。

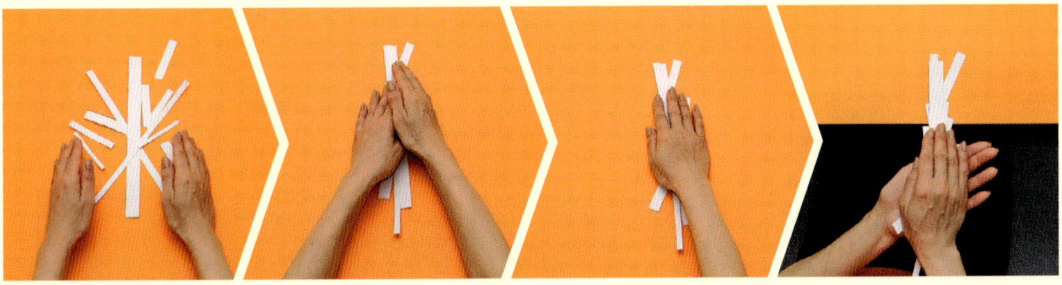

※ゴミはひとまとめにして、小さく折ってから捨てる場合もあります。

折り紙をはさみで切って、いろいろな形を組み合わせるとこんな飾りができます

のり・セロテープ・ホチキス・パンチの使い方

短時間で美しく仕上げる

のりの使い方

受験ではどのタイプののりが出題されるかわかりません。どんなのりが出てきても、うまく使えるように慣れておきましょう。

スティックのり

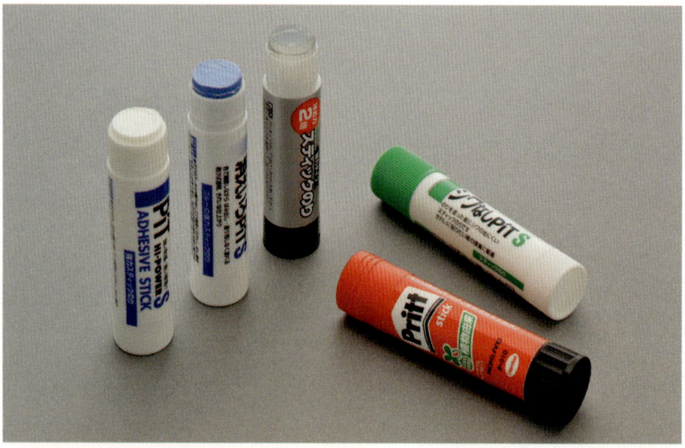

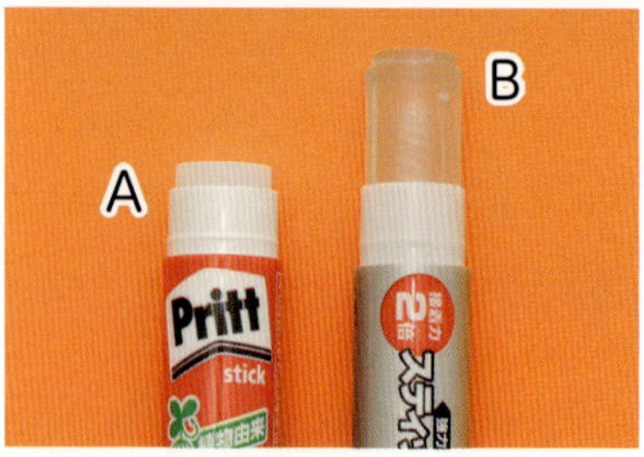

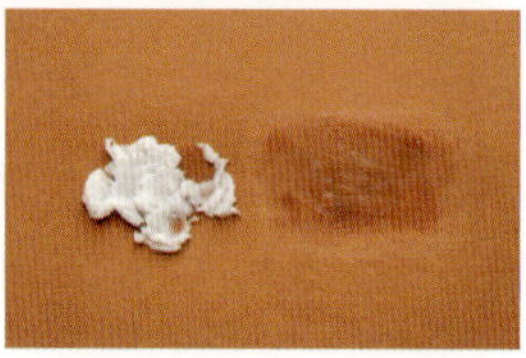

▲のりをつける時、力を入れすぎると、のりがくずれてこのようになってしまいます。

Bのようにのりをたくさん出してしまうとうまくぬれず、折れてしまったり、紙がベタベタになってしまいます。Aくらいの量を出してぬるようにしましょう。

アラビアのり

アラビアのりはゆびで容器を押してのりを出します。強い力で押しすぎるとたくさん出てしまうので、少しずつ出すようにしましょう。

ヤマトのり

実際の受験ではこのように材料がセットされヤマトのりが出題されることがあります。のりについているヘラは使わずに、自分の指でのばした方が均一に早くのばせます。

紙が小さいとき

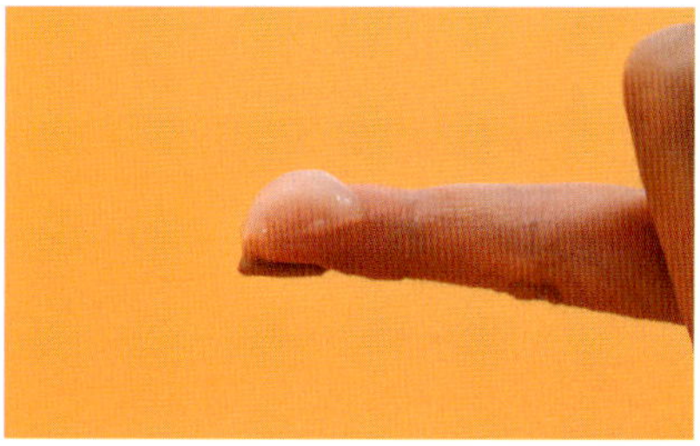

紙が大きいとき

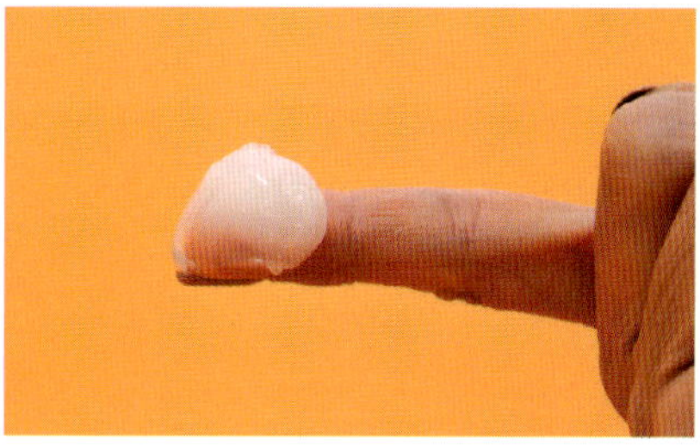

一度で紙全体にのりをぬれるように最初から多めに指にとります。紙が小さいときは少量とります。のりづけする紙が薄い時は少なめに、厚い時は多めにとります。
（紙の大きさに合わせる）

▲下から上に紙全体にぬります。

右利きの方は台紙を左側に置きます。のりをつける紙は台紙の右側に置きます。左利きの方は左右逆になります。

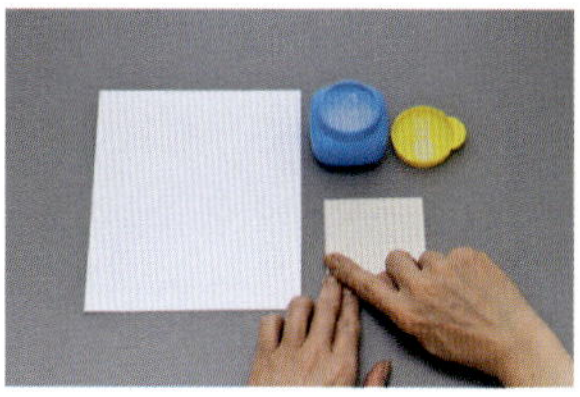

▲台紙は左側に置きます。

◀のりは少しずつのばすのではなく、一気に大きくのばします。のりを紙にぬるときは下から上、下から上を繰り返して、全体にまんべんなくぬります。※長方形の場合は長い方へのばします。

▲のりをぬった紙は台紙にしっかり押しつけましょう。

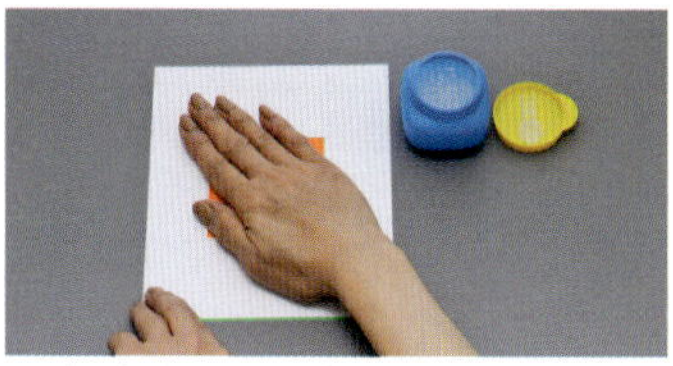

▲手で押さえます。この時上からたたくと、紙がずれてしまうことがあります。

▲台紙にしっかり貼れました。

セロテープの使い方

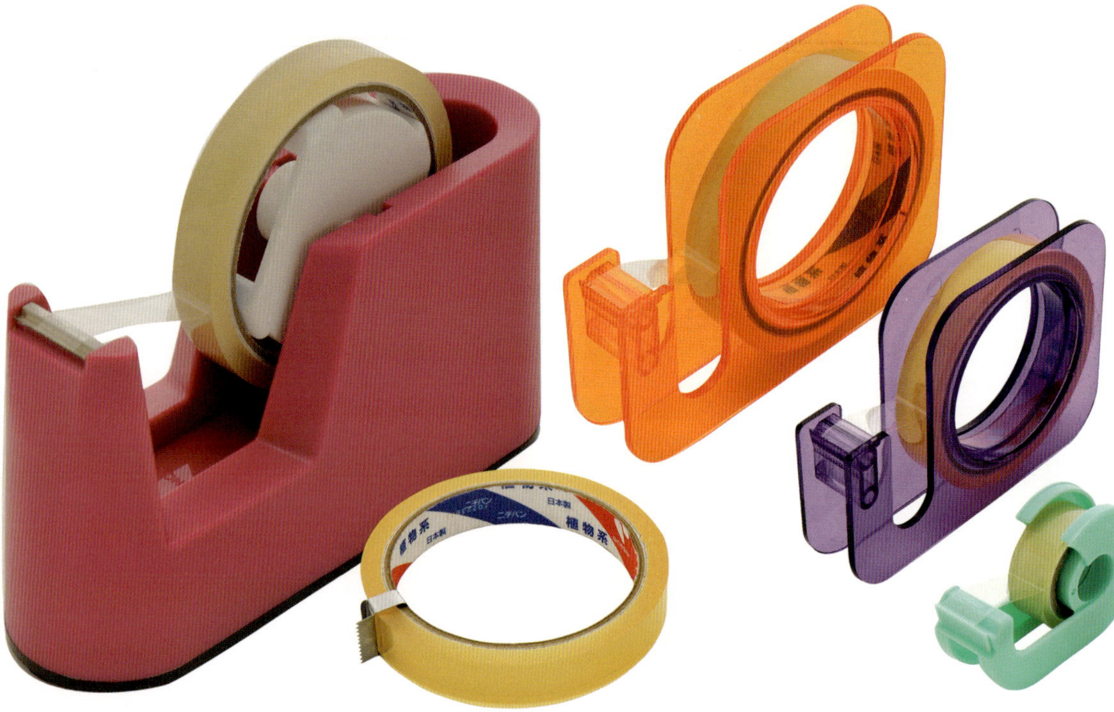

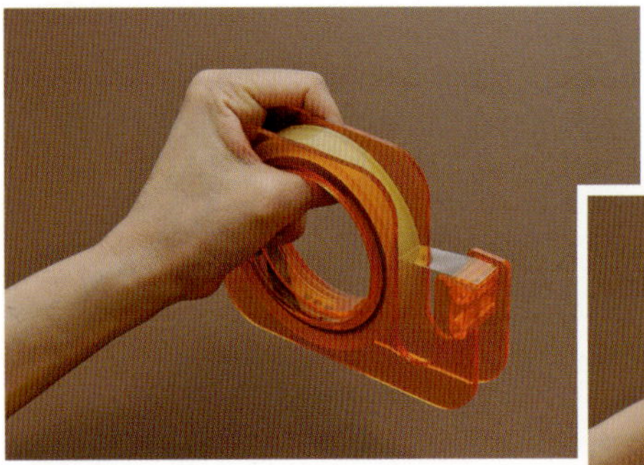

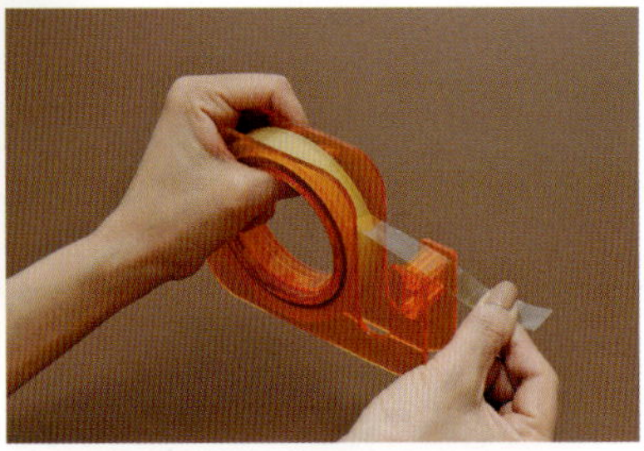

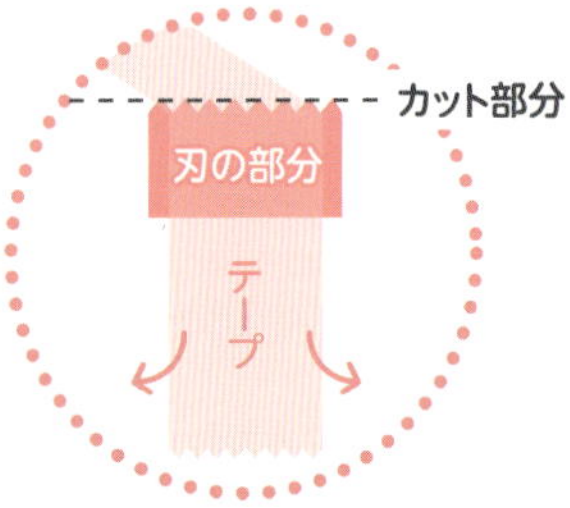

セロテープは下に引っ張らず、左右どちらかに向かってななめに引っ張りましょう。テープを真下に引っ張るとかなりの力が必要になります。

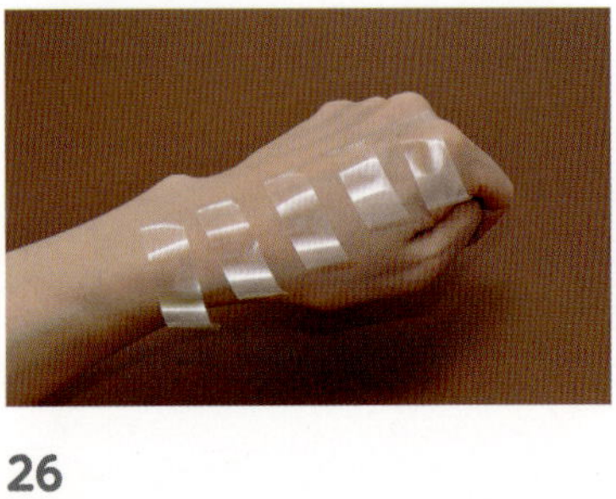

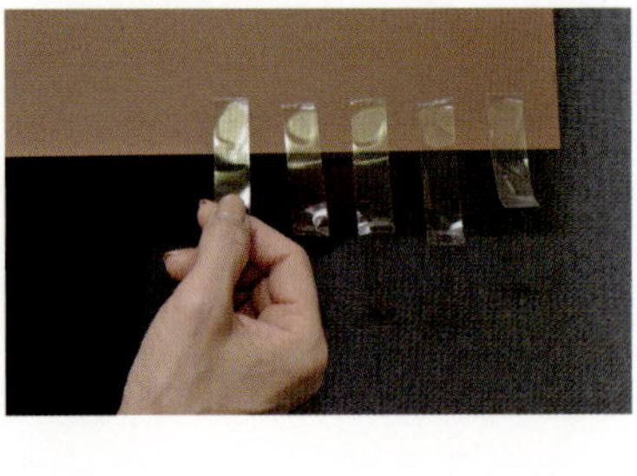

受験では一つのセロテープを、自分一人だけでなく受験生何人かで使用する場合があります。何枚も使うときには、セロテープを使う度に１枚１枚切っていては時間がなくなってしまいます。自分の腕や机のはじに５～６枚セロテープをくっつけて使用するようにしましょう。

ホチキスの使い方

▲ホチキスは先端部分を持ちます。紙がずれないように左手でしっかりおさえます。

▲ホチキスをとめる時、片手ではさみきれなければ、紙が安定するくらいまでホチキスをはさんでおき、左手をそえて両手でしっかり押す（ガチャンと音がするまではさむ）ようにしましょう。

パンチの使い方

穴を空ける位置がしるしで決めらているとき

パンチは空ける穴の印が見えるようにひっくり返して使います。穴を並べて空けるときは、一度穴を空けたら、紙をはさんだまま下へずらして次の穴を空けていきます。

のりやセロテープ、ホチキスを使って、立体的な形が作れます

ロケット

船

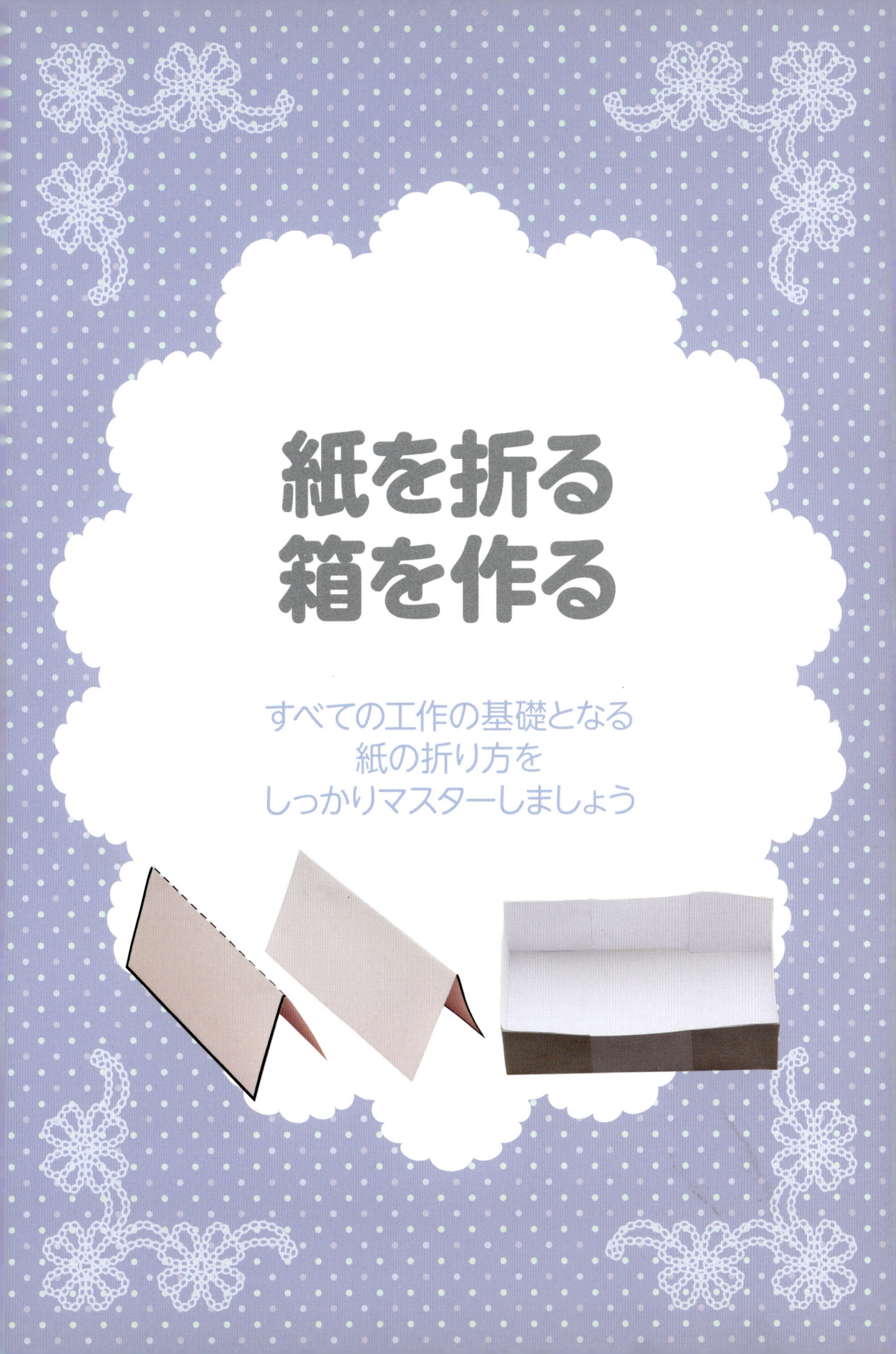

紙を折る
箱を作る

すべての工作の基礎となる
紙の折り方を
しっかりマスターしましょう

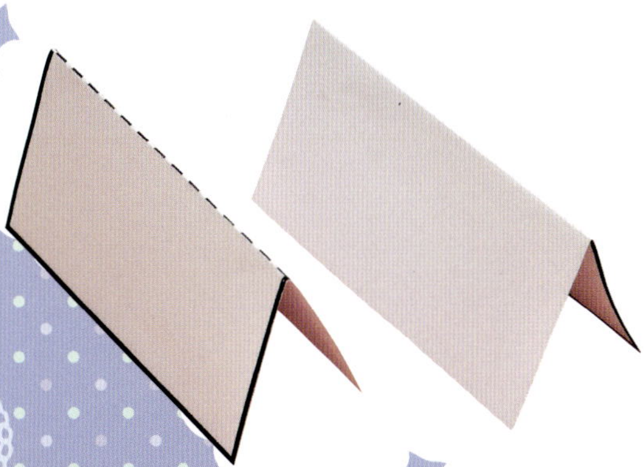

紙の折り方

●山折り

※画用紙を折ります。

▲折る線を横になるようにして、紙を裏返しにしてから折り始めます。

▲折る線のあたりを人差し指でしっかり押さえます。

▲親指で紙を手前から持ち上げます。

●谷折り

谷折りの場合、手前の紙を持ち上げてしまうと折るべき線が見えなくなってしまい、イスから立って向こうからのぞかないと折れなくなってしまいます。

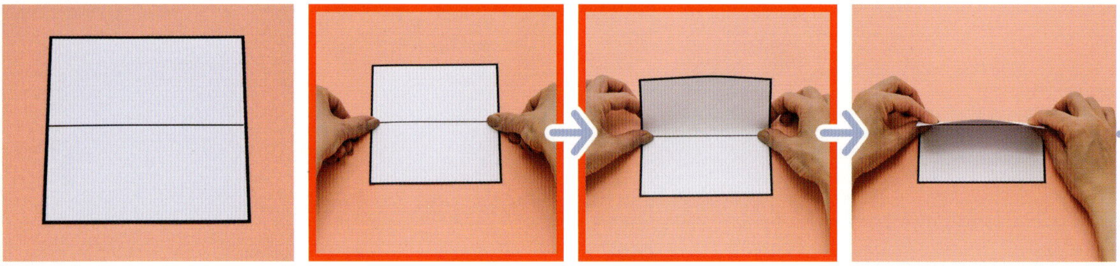

※画用紙を折ります。

▲紙は表向きのままです。

▲折る線を親指でしっかり押さえます。

▲人差し指で向こう側の紙を持ち上げます。

紙のカドをきれいにそろえる折り方

A きれいにカドがそろう折り方

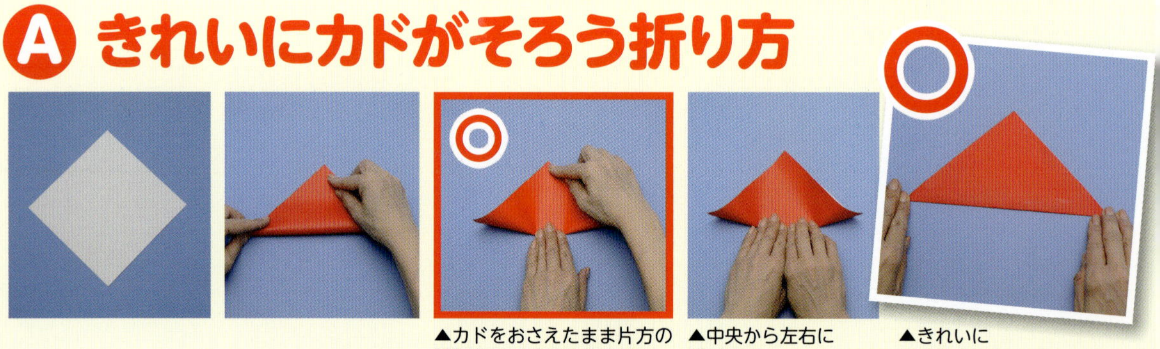

▲カドをおさえたまま片方の親指を下にすべらせます。

▲中央から左右に折ります。

▲きれいにそろいました。

▶紙の真ん中から指を離さずに左右に力を入れて指をすべらせましょう。

▲線が見えるまで持ち上げたら、左右のはしを線のところで押さえます。

▲▶中をのぞきながら線のところまで紙が持ち上がったら、こちらも同じように線のところで左右のはしをおさえ、紙の真ん中から指を離さずに左右に力を入れて指をすべらせましょう。

折り紙を折るときも画用紙を折るときと同じように折りましょう。折り紙が小さくても手で持ち上げ、手元で折らないようにします。折り紙の最後の仕上げ、例えば、つるのように首や尾を立てる時は、折ったものを机から持ち上げて手元で折ることもありますが、折り始めは机の上で折った方が、はしがずれないで早く折ることができます。

B カドがそろわない折り方

▲はしから折らないようにしましょう。

▲紙がずれてしまいました。

箱を作ろう

ここでは白い画用紙とのりを使用していますが、実際の試験ではセロテープやホチキス、色画用紙や折り紙、厚紙が出ることもあります。

箱はすべての紙工作の基本となります。
箱の作り方をしっかりマスターしましょう。

使うもの／画用紙
のり
はさみ

1 紙に折り筋をつけて、箱の深さを折ります。

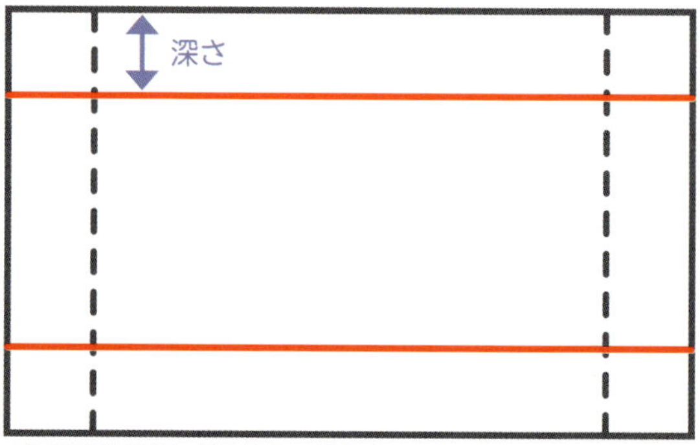

▲図の赤線部分に折り筋をつけます。

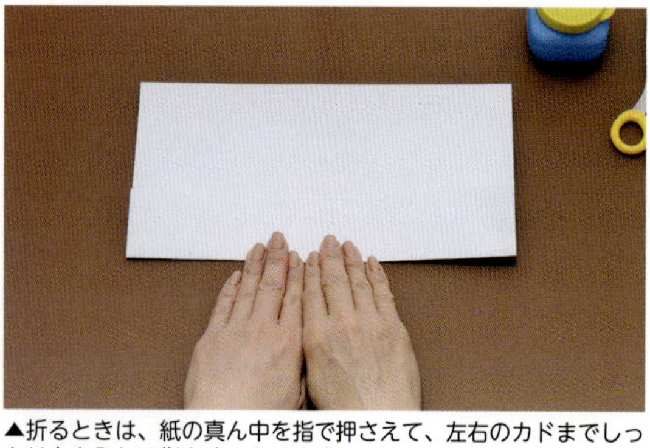
▲折るときは、紙の真ん中を指で押さえて、左右のカドまでしっかり力を入れて指をすべらせます。

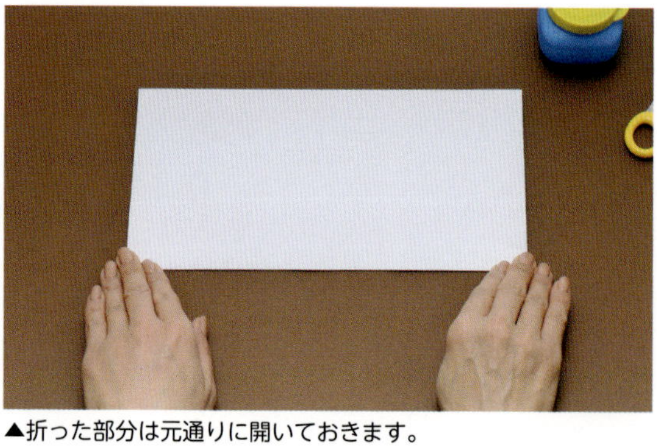
▲折った部分は元通りに開いておきます。

2 紙を上下に回転させ、反対側も同じくらいの深さになるように折り筋をつけます。折ったら元通りに開きます。

3 紙を縦にして、図の赤線部分に折り筋をつけます。

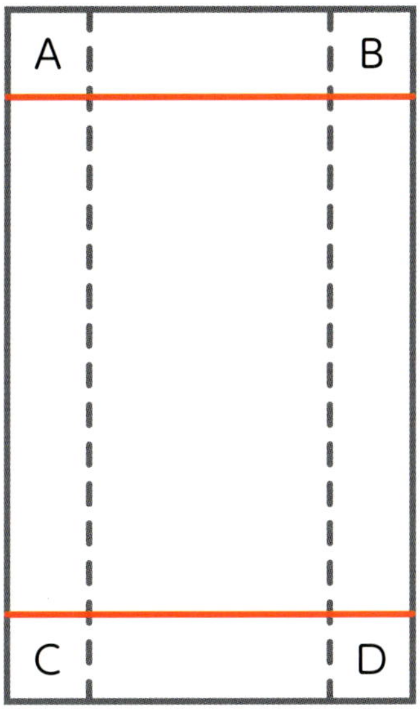

▲A～Dの部分を真四角に折ります。

紙の短い方も同じように折り筋をつけます。このときA～Dの部分が真四角になる位置で折ります。紙を上下回転させ、反対側も折り、開きます。

◀4ケ所に折り筋が入りました。

次のページへ

4 紙を横にして、はさみでのりしろの部分を切ります。

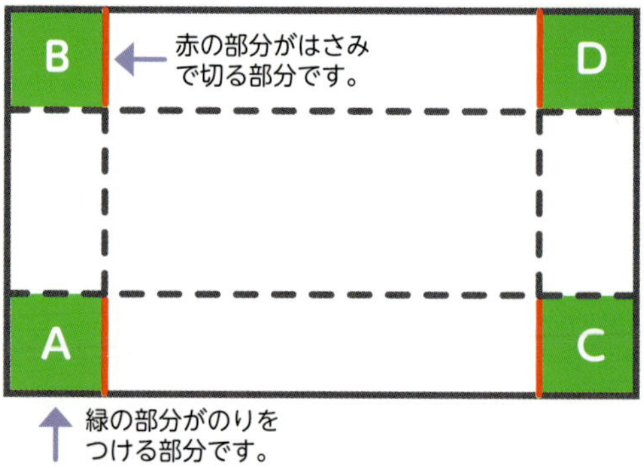
B
赤の部分がはさみで切る部分です。
D
A
C
緑の部分がのりをつける部分です。

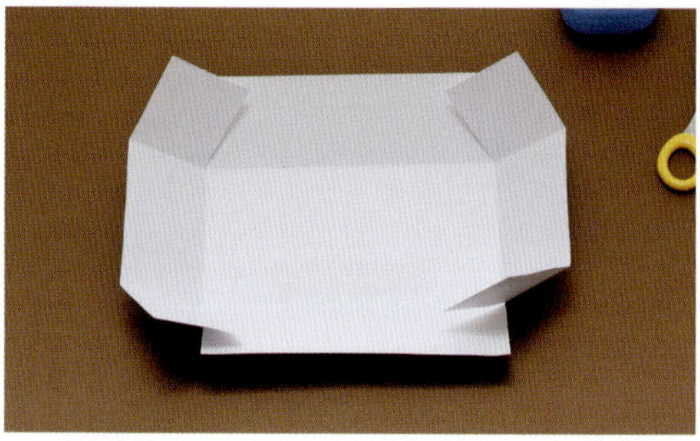

5 紙をひっくり返して、紙の真ん中を押さえて、A～Dにのりをのばします。

6 のりをぬった紙をもう一度ひっくり返し、のりのついている人差し指をまわりにつけないように箱を組み立てます。

▲のりしろは奥の方まで指でしっかり押さえます。

箱を完成させたらヤマトのりのフタをきちんとしめましょう。道具の後始末を忘れずに！のりのついた指は、お手ふきでふきます。
箱を利用して、電車（P43 ～ P50）やお弁当箱（P51 ～ P53）を作ることができます。

箱から家具も作れます

洋服ダンス

食器棚

ベッド

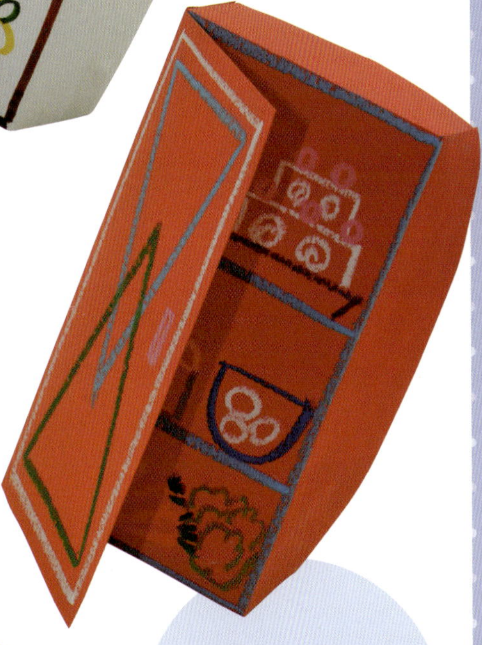

冷蔵庫

折り紙を切って いろいろ形を作ろう

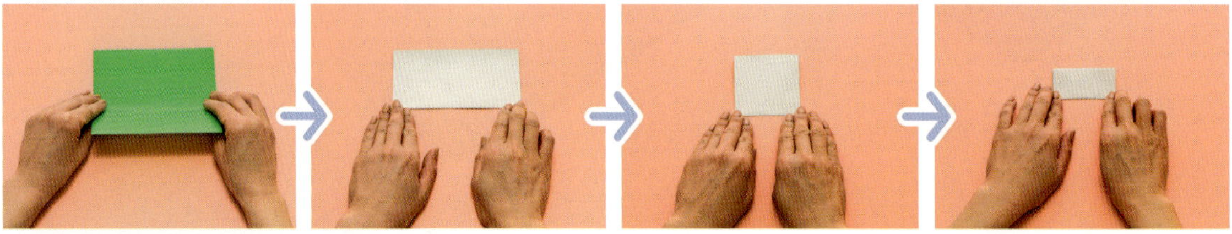

▲まず、折り紙を半分に折り、さらに半分に折ります。

▲折った紙にえんぴつで三角形を描きます。描いた三角形をはさみで切りぬきます。

折り紙に三角形を描くときは、なるべく大きく描きます。写真のAくらいの大きさで線を描きましょう。

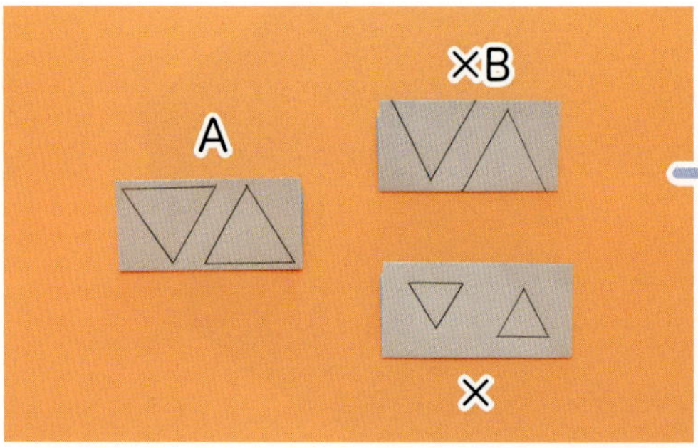

Bのような形を描いて切ると、三角形を切り抜けないので、注意しましょう。

三角形以外の形も作ってみよう

形は簡単な形の方がいろいろな
組み合わせが作れます。

切り抜いた形を組み合わせることで、
いろいろな形を作ることができます。

こうした形を利用して、電車（P46
～P47）や魚（P70～P71）の飾り
つけをします。

セロテープでとめるときには、長めのテープを使って
一度に何枚かの形を一緒に貼ってしまいましょう。

基本の箱を作れるようになると
いろいろな形のものが作れるようになります！

家

電車

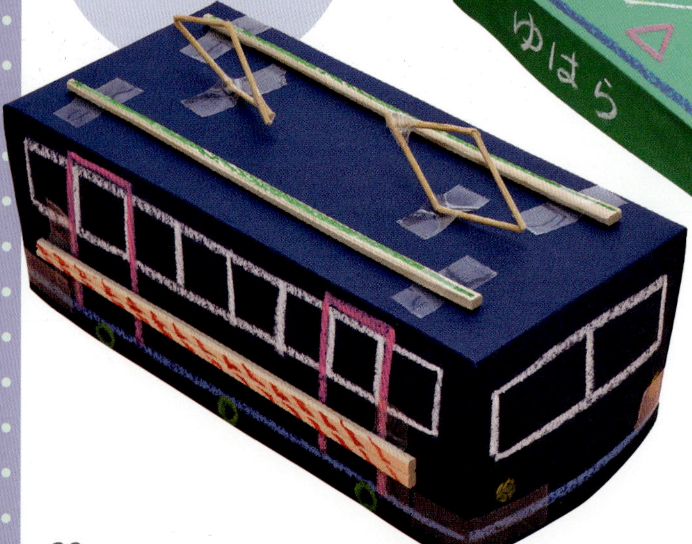

お弁当箱

絵ともよう

絵を描くことともようを作ることの
違いを覚えておきましょう

絵ともようの違い

●絵を描く

●もようを描く

絵を描くことと、もようを描くことは似ているようで違います。絵を描いてくださいと言われたら、左の写真のようにお絵描きをします。もようを描いてくださいと言われたら、線や円、三角形や四角形などの簡単な形をいくつも組み合わせて、もようを作っていきます。

絵からもようを作る

※これは絵です。

※これは絵です。

1

もようにするには自分で描いた絵の中から形を抜き出して、組み合わせることでもようが作れます。

2

大きいものは先に描き、小さいものは後に描きましょう。

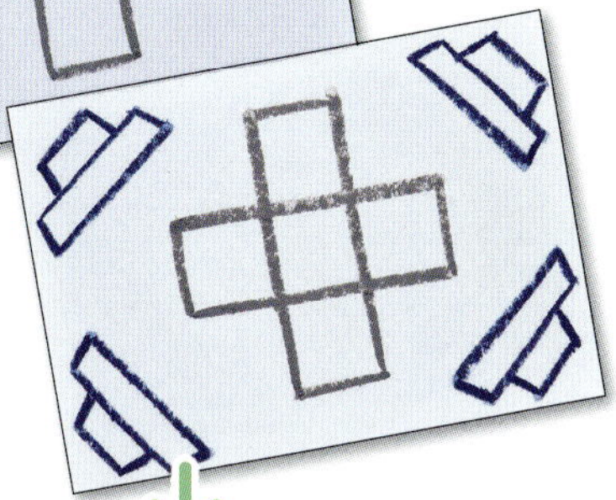

3

色が同じものは一度に描きたい部分に色をつけましょう。

4

このように真ん中を決めて左右、または上下同じに描くときれいなもようができます。

同色はまとめて描いてしまいます。

絵は動物の体や動きを描きますが、もようは形だけで組み合わせます。

うさぎと猫の 絵

うさぎと猫の もよう

電車を作る

箱を応用した電車
絵やもようも入れてオリジナリティを
出してみましょう

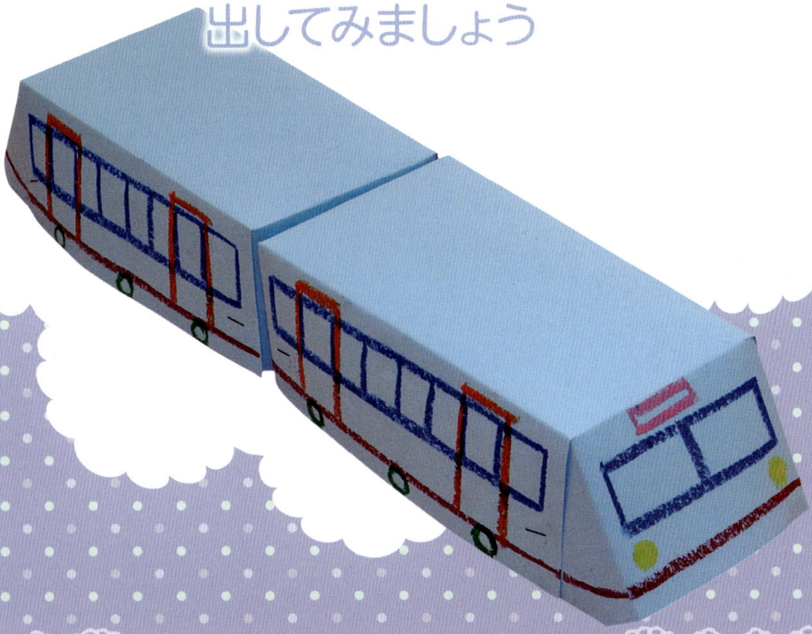

電車を作ろう

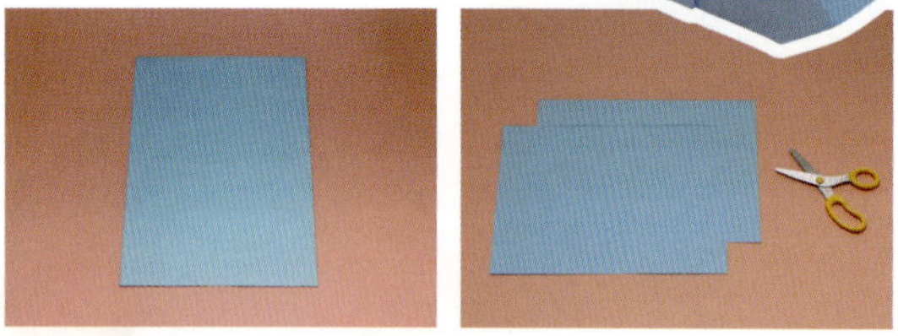

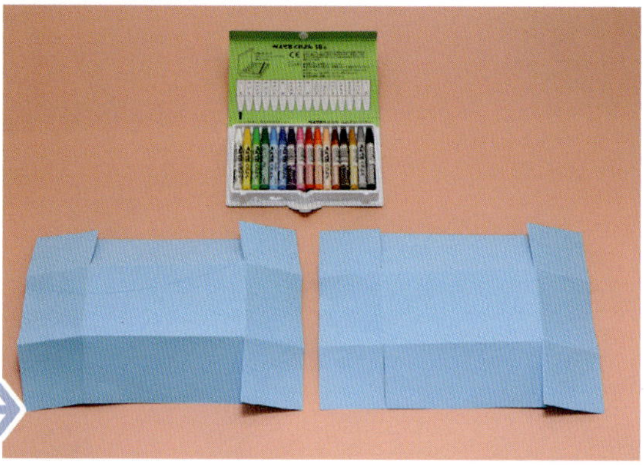

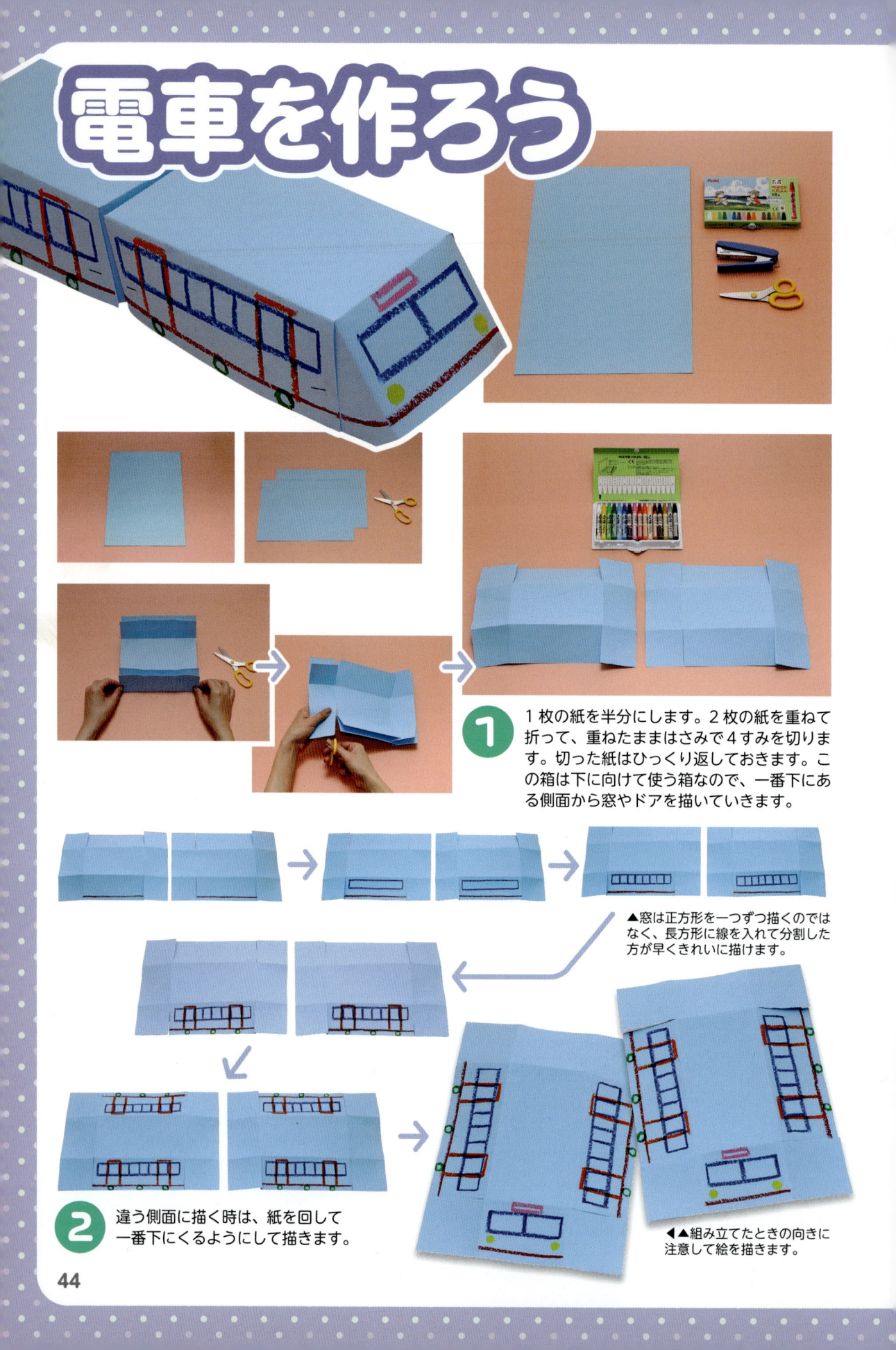

1 1枚の紙を半分にします。2枚の紙を重ねて折って、重ねたままはさみで4すみを切ります。切った紙はひっくり返しておきます。この箱は下に向けて使う箱なので、一番下にある側面から窓やドアを描いていきます。

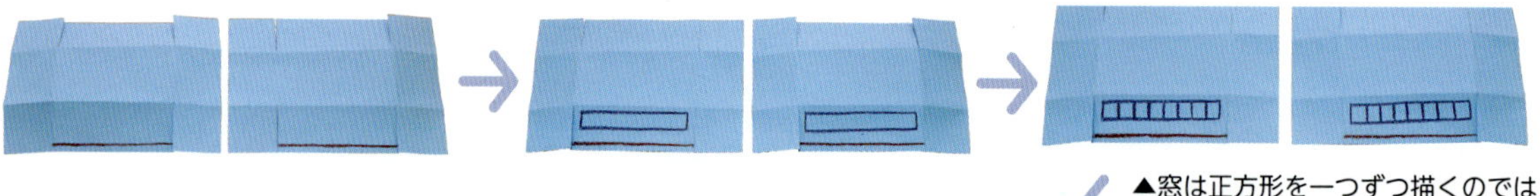

▲窓は正方形を一つずつ描くのではなく、長方形に線を入れて分割した方が早くきれいに描けます。

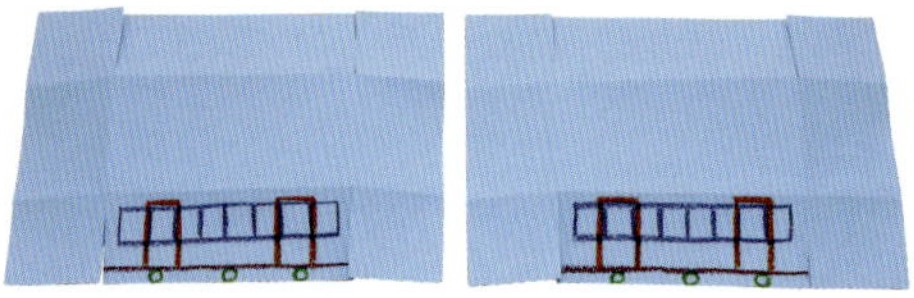

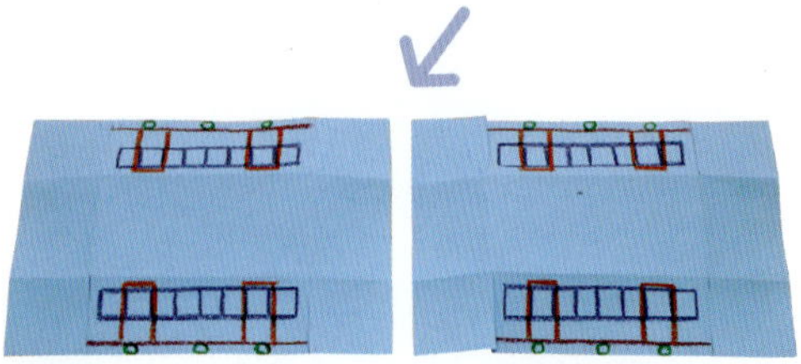

2 違う側面に描く時は、紙を回して一番下にくるようにして描きます。

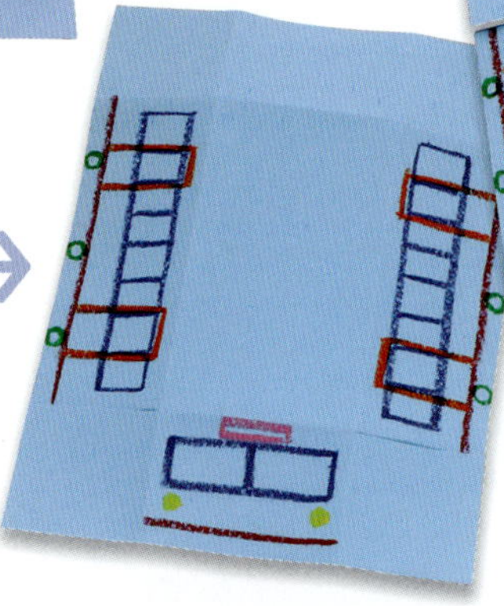

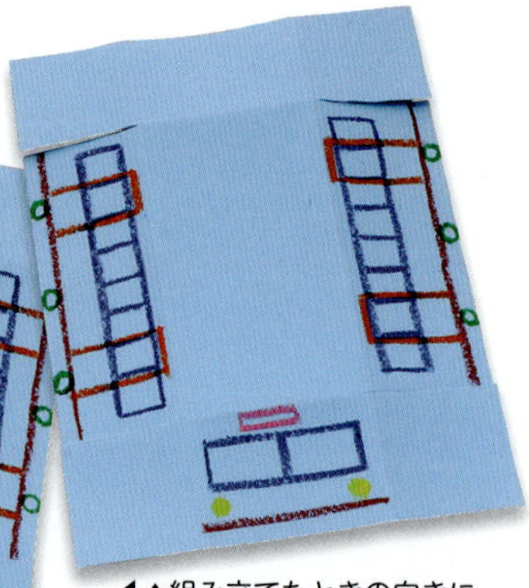

◀▲組み立てたときの向きに注意して絵を描きます。

3 電車の鼻を作ります。前の部分をホチキスでとめるときに、きちんと紙をしまいこんでとめずに、少しはみだしたままの状態でとめます。後ろ部分は箱を作るときと同じように、きちんと紙を中にしまいこんでからホチキスでとめます。

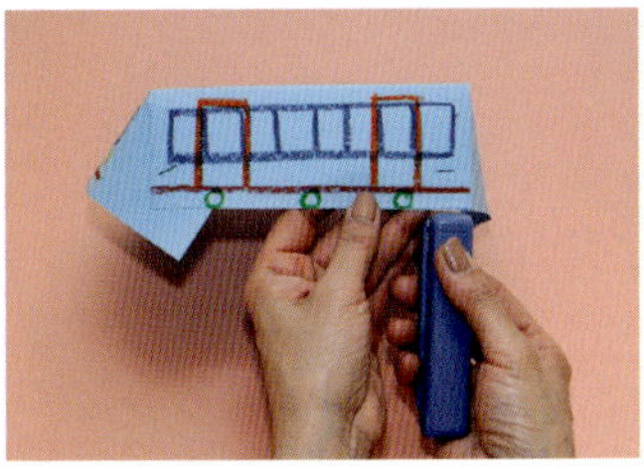

4 箱の形にしたら、ひっくり返して、はみ出している部分を内側に折り込みます。

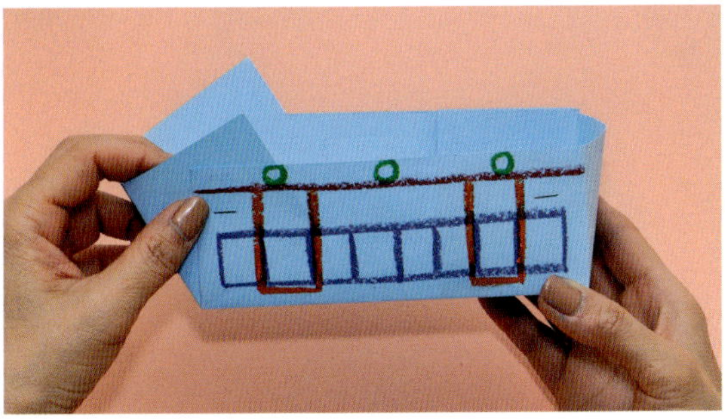

→

5 電車の鼻の部分に横線を描きたします。

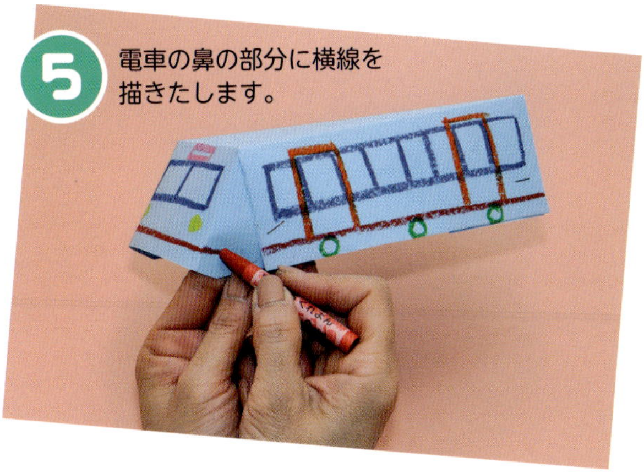

6 2つ目も同じように作ります。出来上がった2つをつなげます。

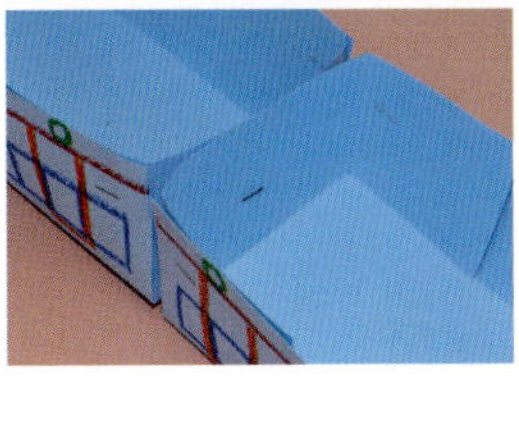

◀▲ホチキスで真ん中あたりをとめましょう。

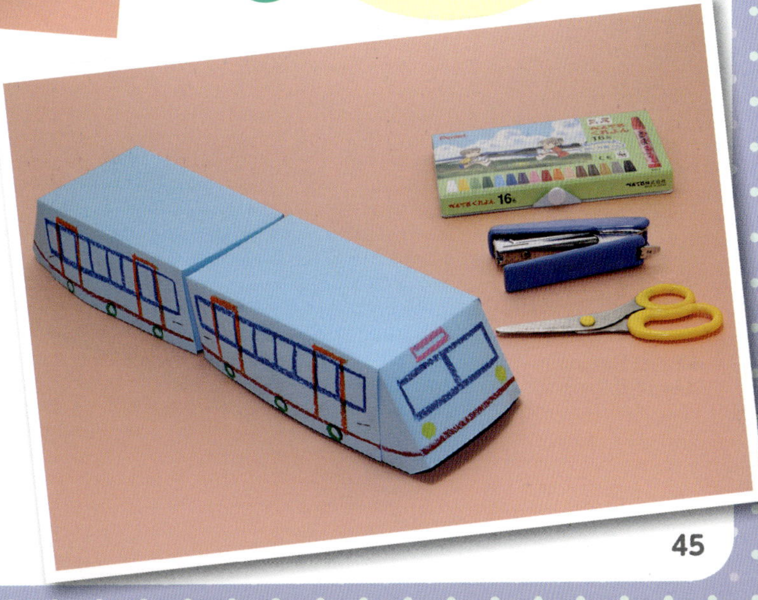

電車を作ろう part 2

この電車は白い画用紙に折り紙とサインペンで飾りをつけていきます。

1 画用紙を箱の形に折り、切っておきます。

2 折り紙を半分に切って筒を作ります。

3 まず手で丸めて、くせをつけます。

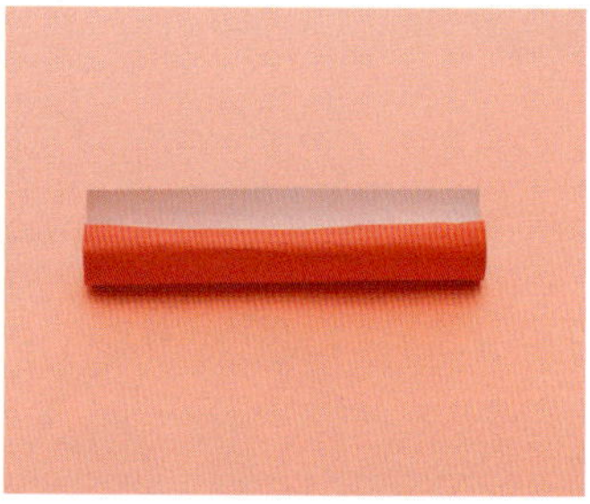

4 丸めていきます。

▲あらかじめセロテープをはみ出させて貼っておきます。

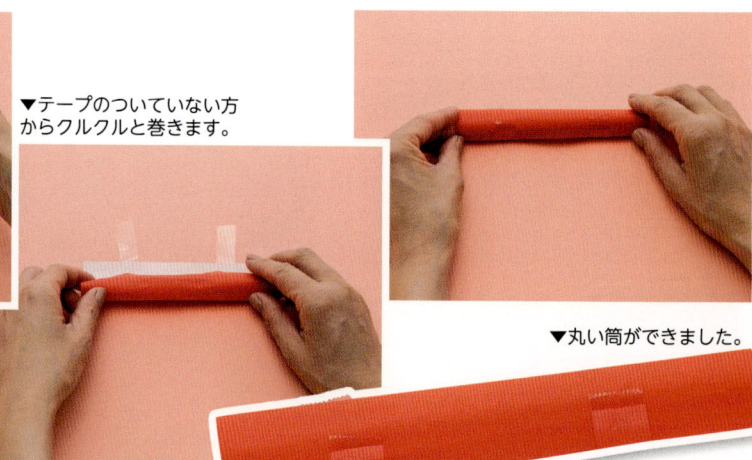

▼テープのついていない方からクルクルと巻きます。

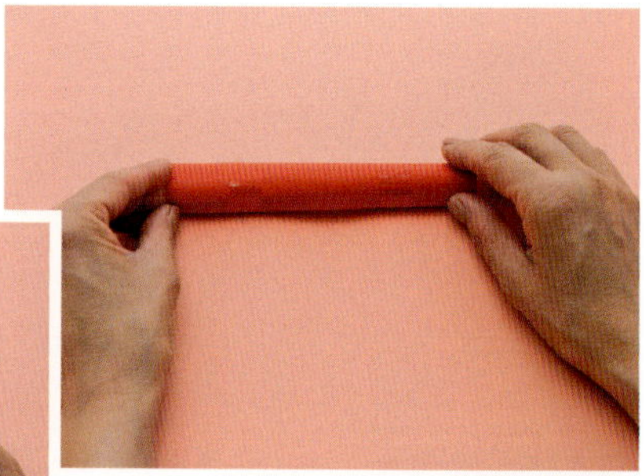

▼丸い筒ができました。

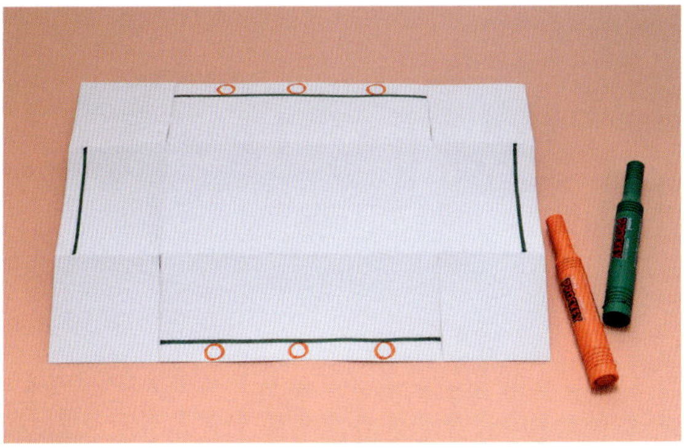

5 サインペンで横線と車輪を描きます。車輪は○を切って貼るのではなく、描いた方が早く作れます。次に、折り紙を切って作ったもようをセロテープで貼っていきます。

6 セロテープを長めに出して、複数の形の折り紙を一度に画用紙に貼ります。

7 折り紙を貼ったまわりにもサインペンでドアなどを描きます。

8

電車を組み立てる前に、折り紙で作った筒をセロテープで電車の上の部分に貼ります。長めに切ったセロテープで2本一緒に貼ります。

▲真上から見たところ。

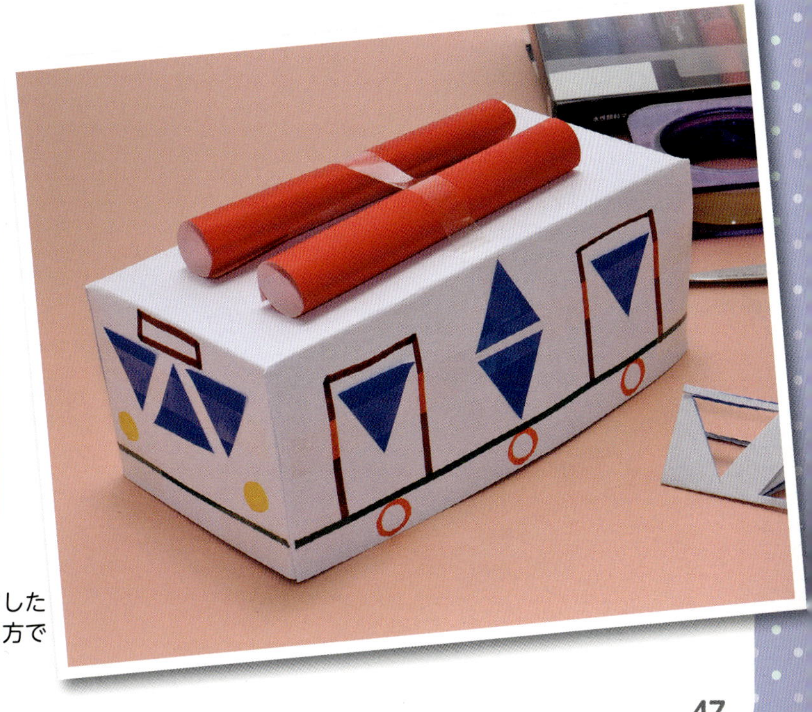

ここでは電車を作りましたが、バスも同様の作り方で作ることができます。

電車を作ろう part3

色画用紙にモール、わりばし、竹ひごを組み合わせて電車を作ります。

1 色画用紙は箱の形に折り、切っておきます。

2 クーピーペンで必要なものを描きます。

3 モールはそれぞれ使う用途に合わせて曲げておきます。

4 モールで四角やハートなど好きな形を作り、セロテープで電車に貼ります。

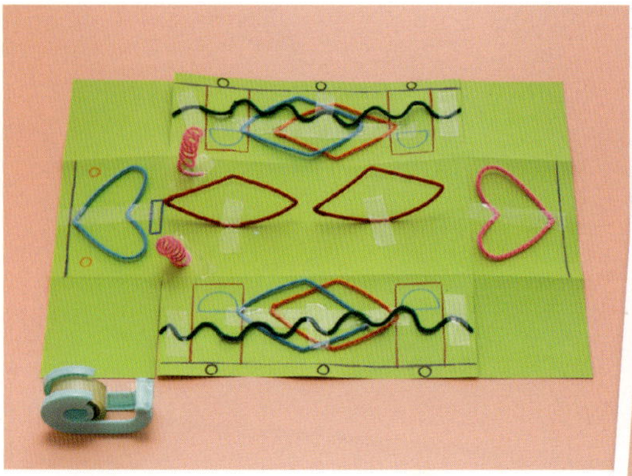

5 最後に箱の形に組み立てます。

1 紺の画用紙にはクレヨンで窓やタイヤを描き、わりばしと竹ひごで飾りつけをします。

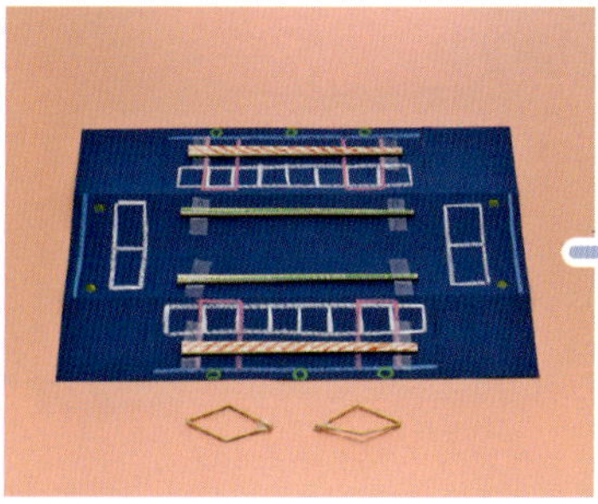

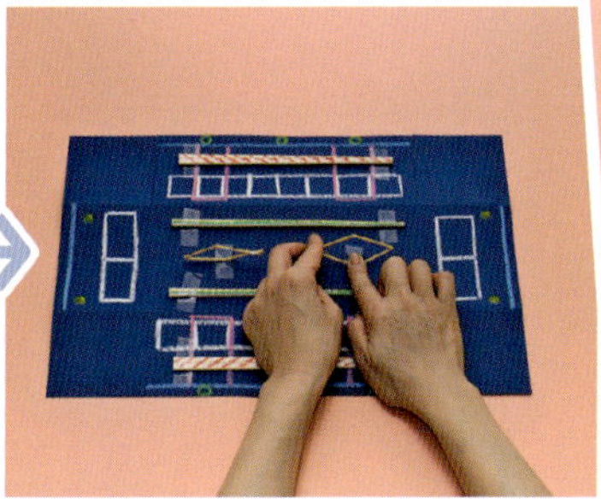

2 茶色い画用紙には線路を作ります。竹ひごを台紙に貼る時は、ずれないように2、3本ずつ貼りましょう。

3 わりばしを竹ひごの上に、２本並べます。つなぎ目の部分をセロテープでとめます。

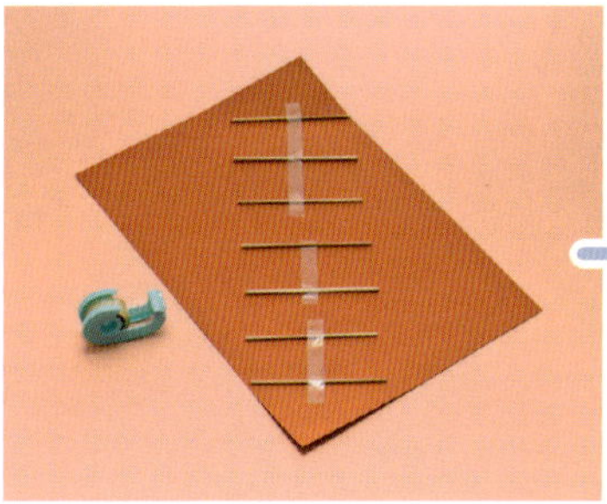

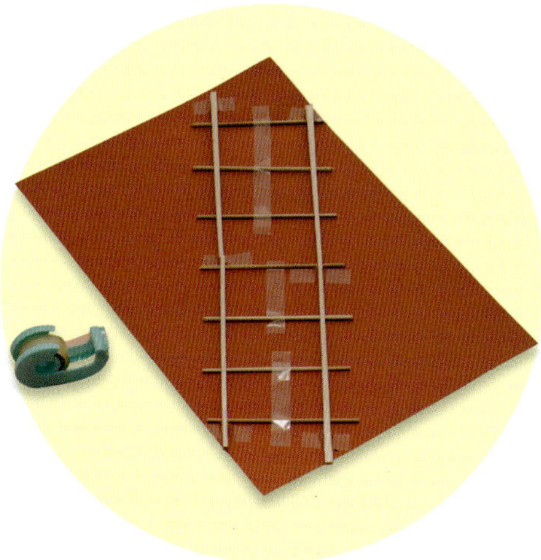

4 電車を線路の上に乗せて完成です。

箱をつなげて動物電車

箱に絵を描き、2つ折りの動物を乗せれば楽しい動物電車の完成です。

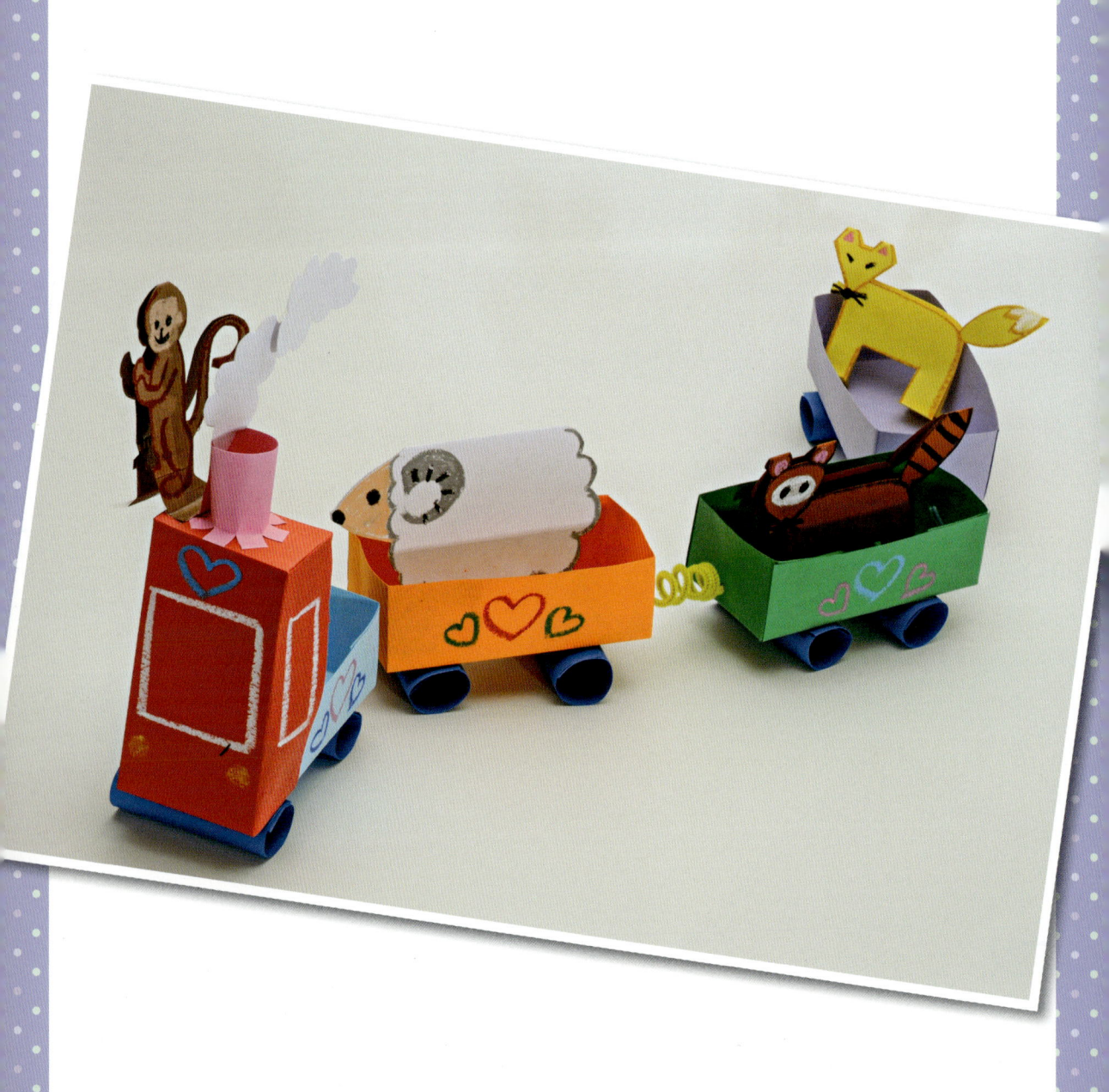

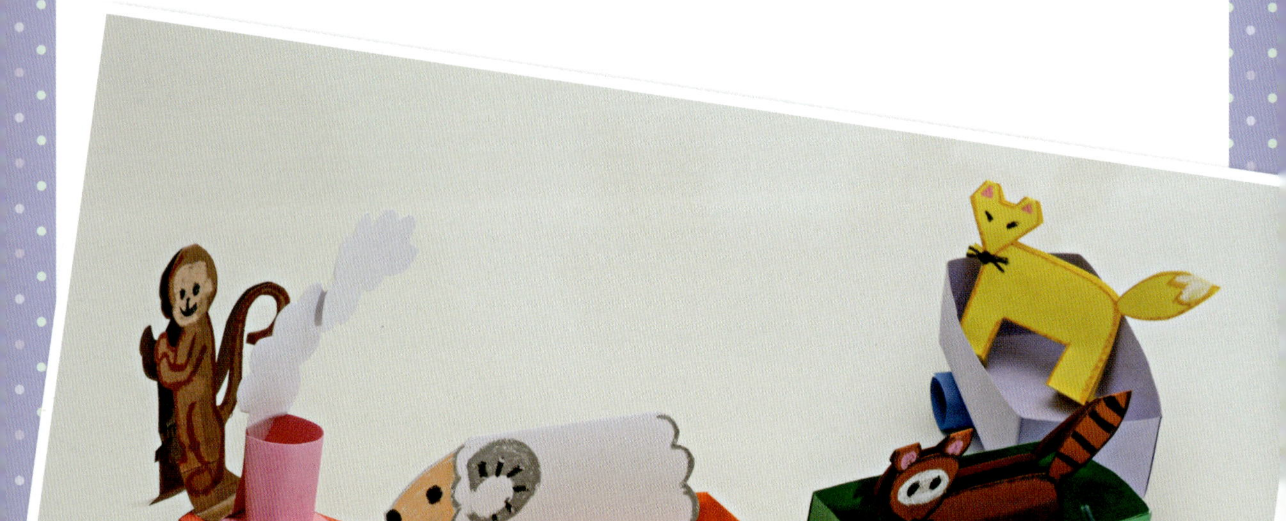

お弁当箱を作る

箱を応用したお弁当箱
お弁当のおかずも美しい
色どりとアイデアで作ります

お弁当箱を作ろう

箱を２つ作って
お弁当箱を作ります。

同じ大きさの色画用紙２枚、クレヨン、
はさみ、のりを使います。

1 ２つの箱を重ねるので、上に重ねる緑の箱は下の黄緑の箱よりも深さを浅く作ります。

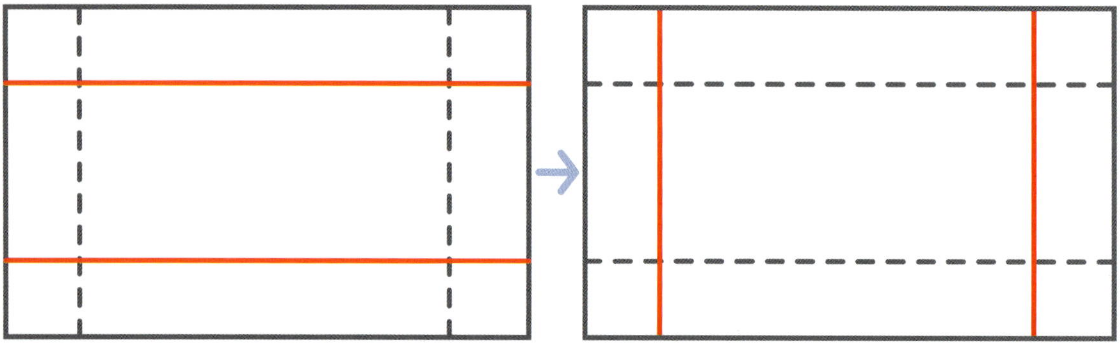

2 赤線を折って、両方の紙に折り目をつけます。

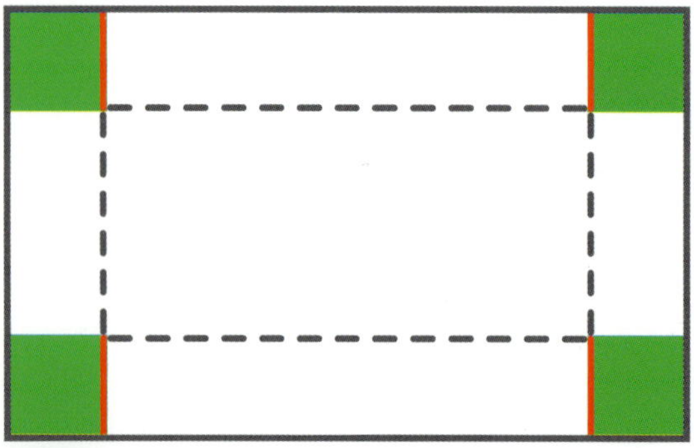

3 赤線にはさみで切り込みを入れます。緑の部分はのりしろになります。

上の箱と下の箱は深さを変えます

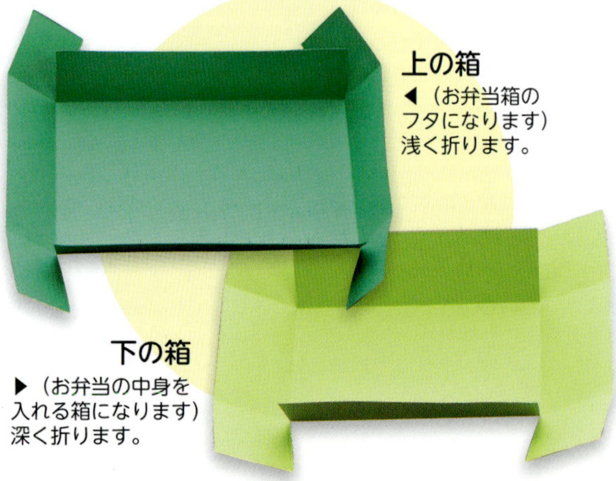

上の箱
◀（お弁当箱のフタになります）浅く折ります。

下の箱
▶（お弁当の中身を入れる箱になります）深く折ります。

お弁当箱にお絵描き

4 切り終わったら両方
裏返しにします。

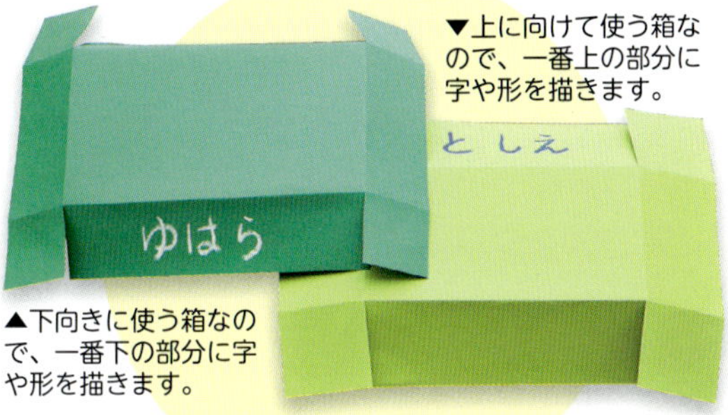

▼上に向けて使う箱なので、一番上の部分に字や形を描きます。

▲下向きに使う箱なので、一番下の部分に字や形を描きます。

お弁当箱に文字をつけるときは箱が完成したときに逆さまにならないように文字の向きに注意しましょう。

5 お弁当箱の上になる方にもようを描きます。
文字を書いて、もようを描いたら、表からのりしろにのりをつけて箱を組み立てます。

6 2つの箱を重ね合わ
せれば完成です。

お弁当を作ろう

ちぎってまるめてオムライス

使うもの／ 折り紙（赤・黄色・白）
セロテープ

1 用意する折り紙は、黄色２枚、赤１枚、白い紙を１枚用意します。たまごの部分の黄色い折り紙は２枚合わせて大きくします。

→

▲セロテープで２枚をつなげます。

2 黄色い折り紙をクシャッと丸めて、たくさんシワを作ります。

→

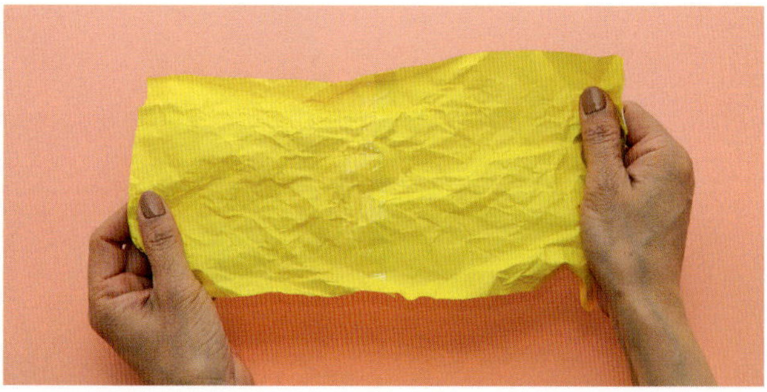

3 黄色い折り紙を裏返しにして、丸めた白い折り紙を中につめて包み、セロテープでとめます。（ティッシュペーパーや綿、新聞紙をつめてもいいでしょう）

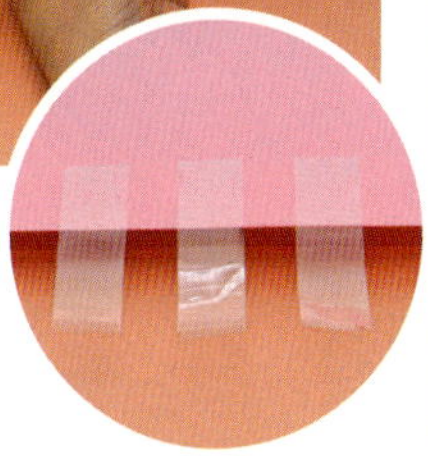

▶セロテープは使う枚数だけ先に用意しましょう。

◀形をつぶさないようにやさしく包みます。

4 赤い折り紙をクシャッと丸めて、たくさんシワを作り、広げてちぎります。

5 セロテープで両面テープを作って、ケチャップとオムレツをくっつけます。

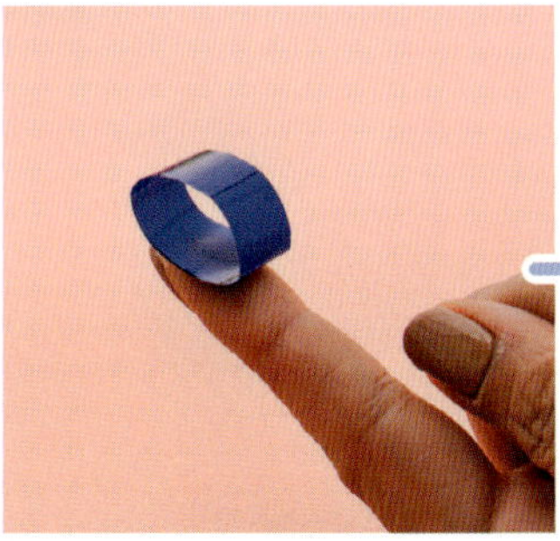

お弁当を作ろう

細く切って スパゲッティ

1

入れ物を作ります。水色の折り紙を２つ折りにして、もう一度２つ折りにします。図の点線をはさみで切ります。

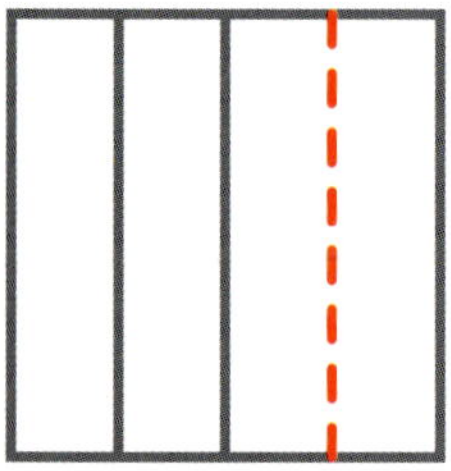

2

切り取った１枚を丸めて輪にして、セロテープで貼ります。

3

オレンジの紙を３回、半分に折ります。
右はじから細く切っていきます。

4

切った紙をすべて手に持ち、クシャクシャにします。
数回繰り返してクシャッとさせます。

▲入れ物につめます。

色を変え、茶色の折り紙で焼きそば、黄色の折り紙でラーメンなどを作ることができます。緑や赤の折り紙を手でちぎり、めんの上に散らすとおいしそうに見えます。

ちぎってまるめて ぶどう

使うもの／ 折り紙
（オレンジ・水色・
緑・むらさき）
セロテープ
はさみ

1 緑とむらさきの折り紙を重ねて、折り紙を半分に折り、さらに半分に折って、4分の1のサイズに真四角に切ります。

2 4分の1に切ったむらさきの折り紙でぶどうの実を作ります。紙を4枚まとめてクシャクシャにして、1つずつ色が外側になるように丸めてセロテープでとめます。つぶさないようにやさしく丸めます。

3 4分の1に切った緑の折り紙
1枚をぶどうの軸にします。

▲はしを少し折り、さらに細く折り、芯を作ります。

▲はしからクルクル細く巻きます。

▲最後にセロテープで巻きます。

4 実についているセロテープに両面テープをつけて、軸に実をとめます。

▼両面テープはぶどうの実をセロテープで貼ったところにつけると貼りやすいです。

お弁当を作ろう

ちぎってまるめて
レタス

使うもの／折り紙(緑)

1
最初に緑の折り紙を手に持ってクシャクシャに丸めて、たくさんシワをつけます。

2
丸めてから広げた折り紙を三角に折り、赤い点線の部分をちぎります。

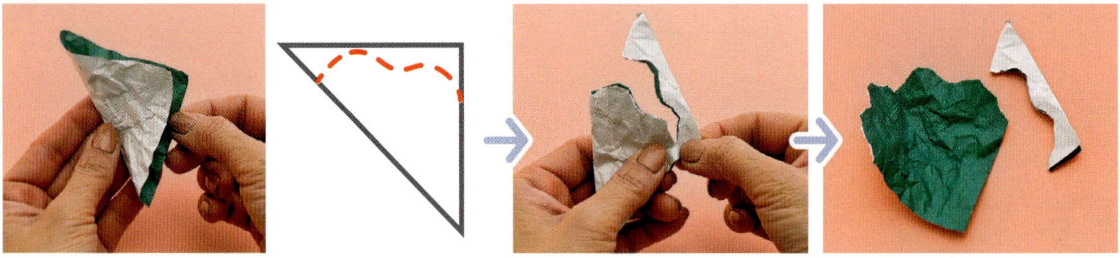

3
紙を広げて、丸の部分を指でつまみます。このとき、カーテンのヒダを作るようにつまみます。

4
つまんだ部分を裏側に折り込んで完成です。

折り紙の色（黄緑）や大きさを変えれば、
必要な大きさのレタスやキャベツが作れます。

ゴミをまるめて
ハンバーグ

使うもの／お弁当を作っているときに出た紙のゴミ、折り紙(茶色)

1 茶色の折り紙を手に持ってクシャクシャに丸めて、たくさんシワをつけます。

2 茶色の折り紙を広げて裏返し、ゴミをまとめて中に入れます。ゴミがないときはもう１枚の折り紙を丸めて中に入れます。ゴミを包み込むように丸めてセロテープでとめます。

この作り方で橙色の折り紙でみかん、赤でリンゴ、トマト、おうど色でジャガイモやロールパンなど、丸いものは、なんでも作れます。

お弁当のおはしはぶどうの軸を作るときと同じように、１枚の折り紙を半分に切り、はしからクルクル強く巻き、セロテープでとめて、これを２本作ります。最後にお弁当箱に作ったものをつめて完成です。

野菜や果物も作ってみましょう

**お弁当の中身に入る野菜や果物も、
そのままの形も作ってみましょう。
折り紙の色で表現する方法が分かります。**

モール・わりばし・
ストロー・
筒の使い方

どんな素材も自由に使える
発想力をつけましょう

モールの使い方

2本を1本につなぐ

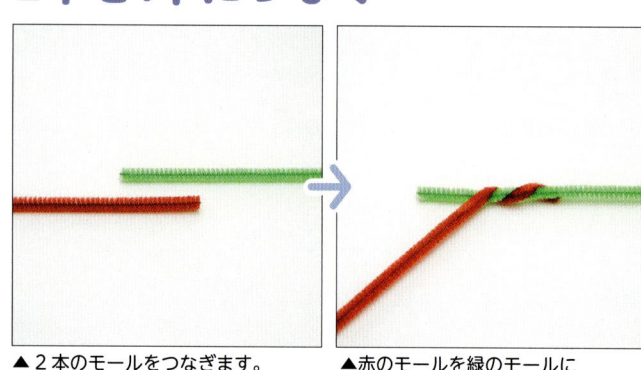

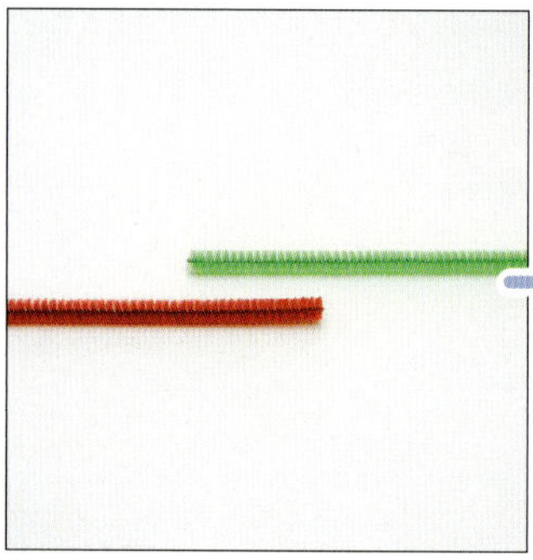

▲２本のモールをつなぎます。

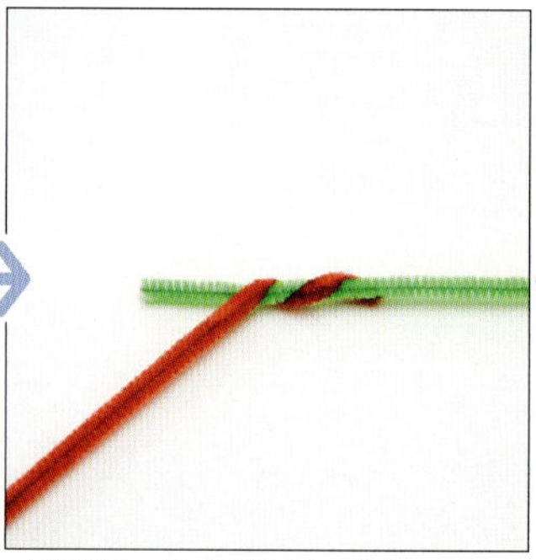

▲赤のモールを緑のモールに巻きつけ、緑のモールを赤のモールに巻きつけます。

▲ねじるというよりも２本同士を巻きつけるイメージでつなげます。

2本を1本につなぎ、円を作る

▲お子さんはつなげるときに、ぞうきんをしぼるようにねじってしまいます。そうすると平らな円ではなく、写真のような立体的にゆがんだ円ができてしまいます。

円をハートにする

ハートやひし形や扇形など、左右対称の形を作るときは、はじめに円にしてから形を変形させます。

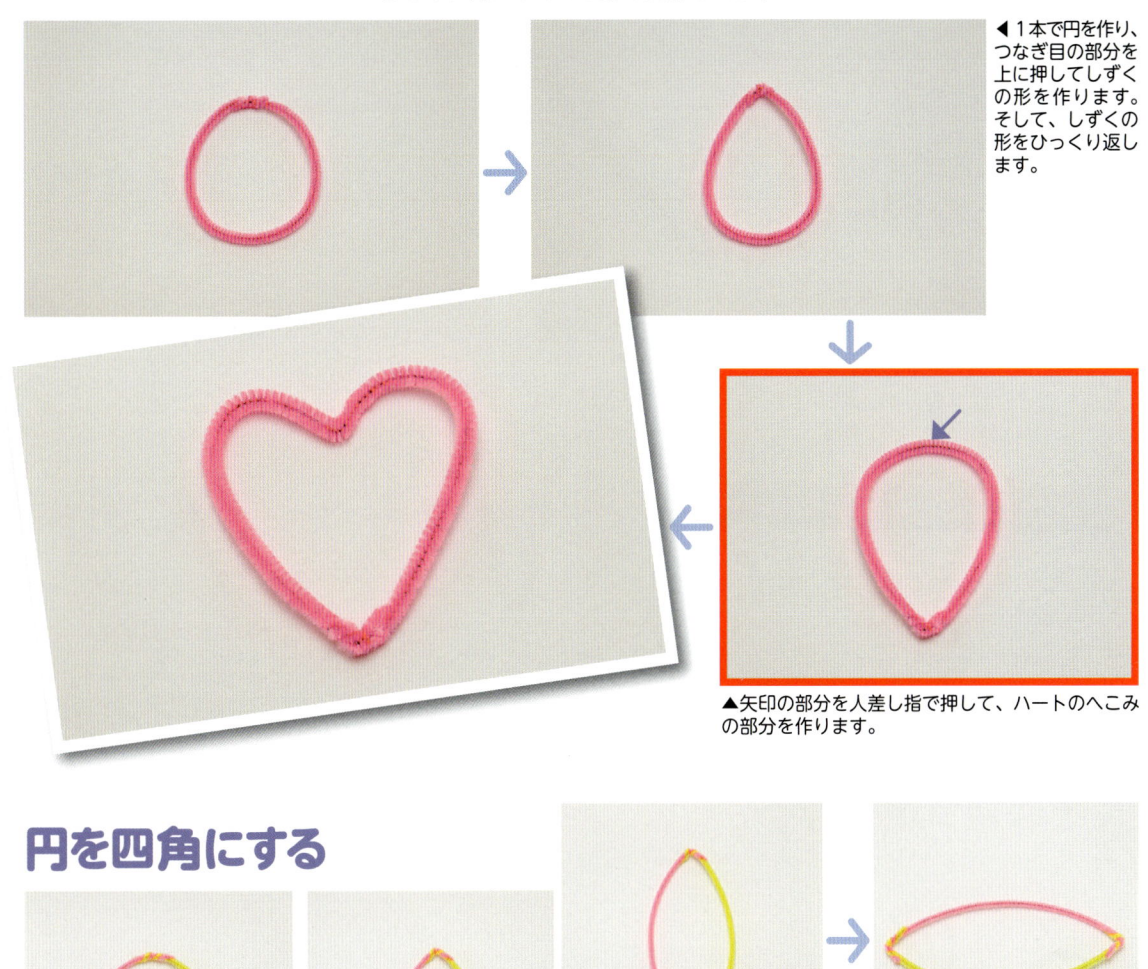

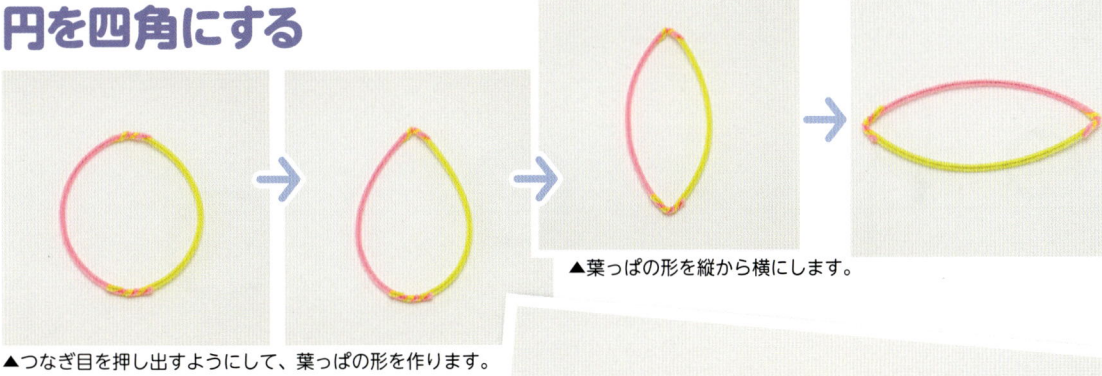

◀1本で円を作り、つなぎ目の部分を上に押してしずくの形を作ります。そして、しずくの形をひっくり返します。

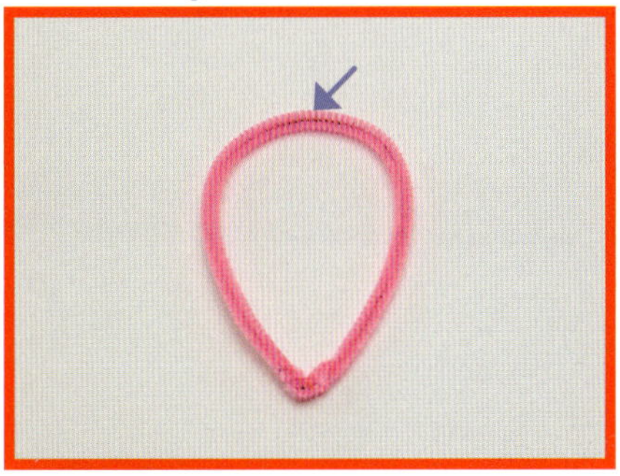

▲矢印の部分を人差し指で押して、ハートのへこみの部分を作ります。

円を四角にする

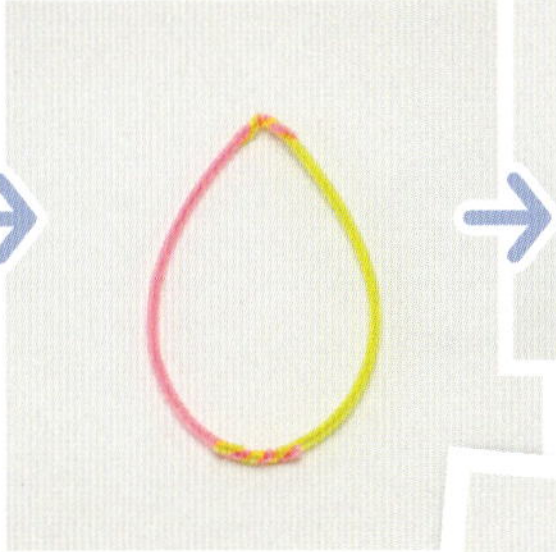

▲つなぎ目を押し出すようにして、葉っぱの形を作ります。

▲葉っぱの形を縦から横にします。

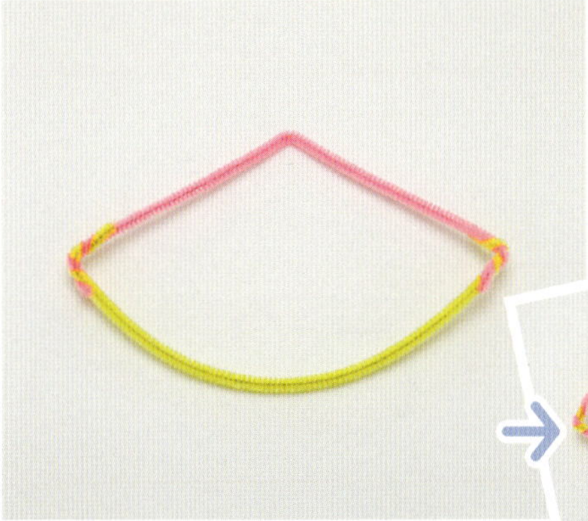

▲ピンクのモールの半分くらいの位置を上に押し出して、カドを作ります。

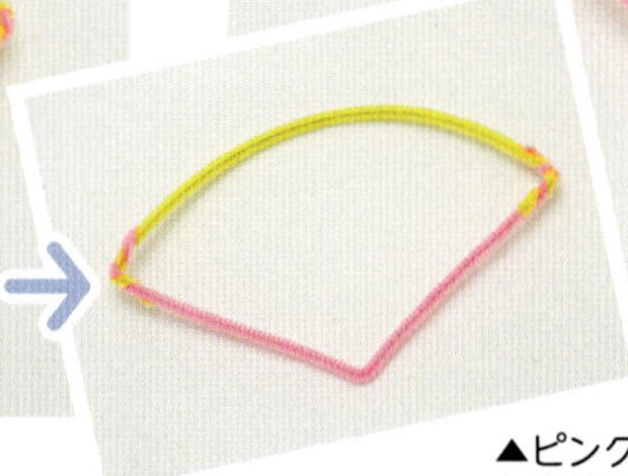

▲ピンクのモールにカドを作ったら上下ひっくり返して、黄色のモールにも同じようにカドを作り、四角にします。

モールの使い方

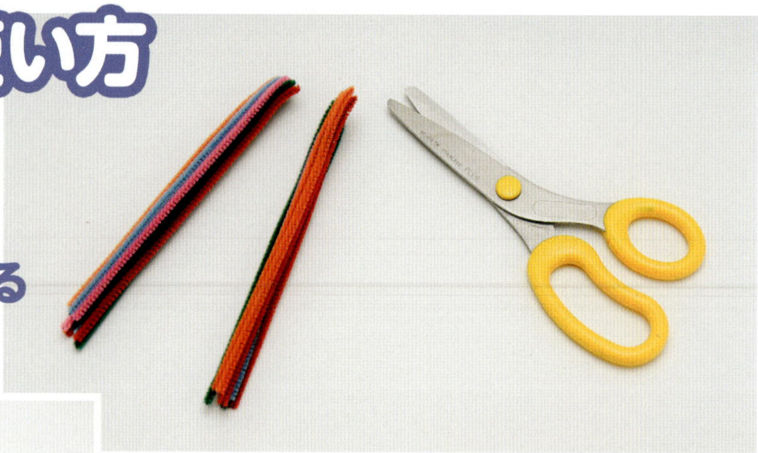

モールを はさみで切って いろいろな形を作る

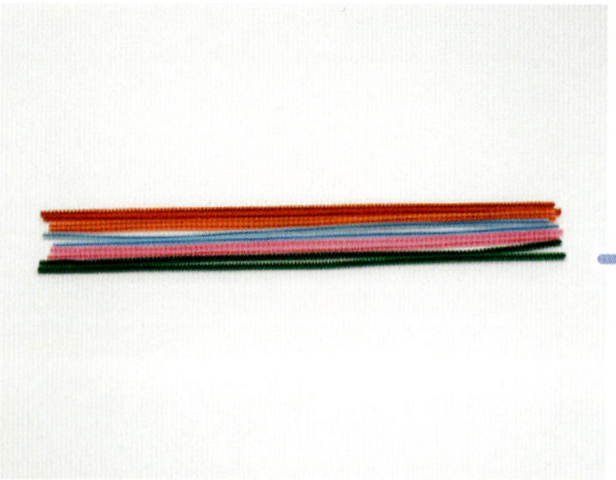

▲モールをまとめて半分に折り、はさみで切ります。

▲モールを切るときは、はさみの根元を使って切ります。

小さい輪っかをつなげて 大きな輪っかを作る

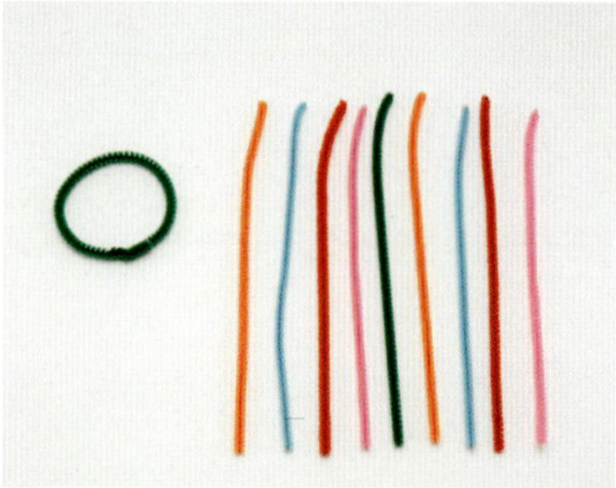

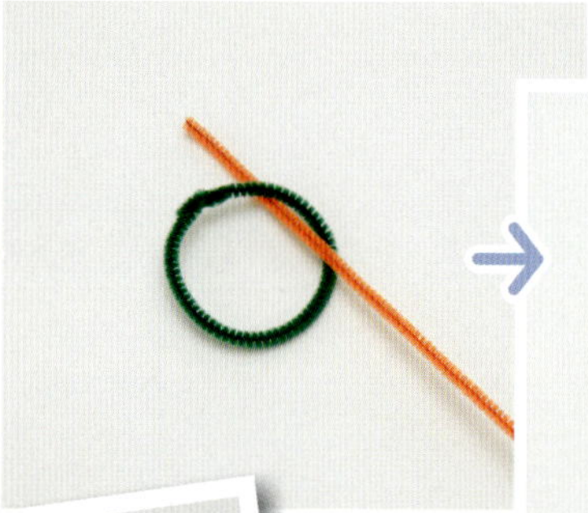

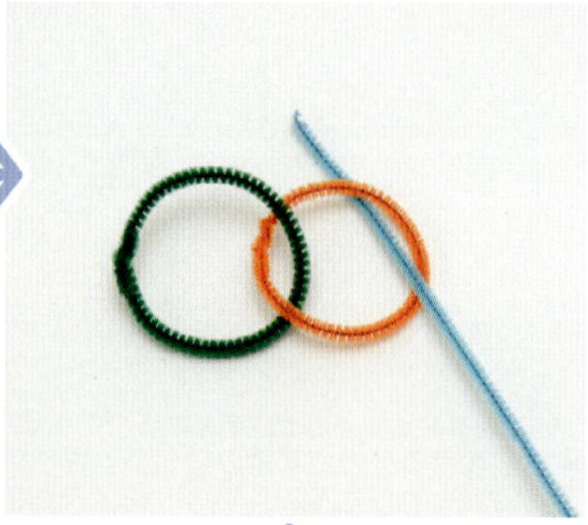

▲小さい輪っかを作り、１つずつつなげます。最初に作った輪っかと最後に作った輪っかをつなげると大きな輪っかになります。

クレヨンやえんぴつにモールを巻いて モールをクルクルさせる

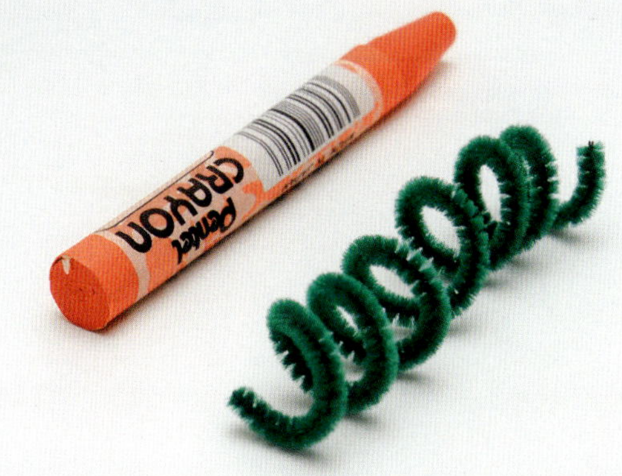

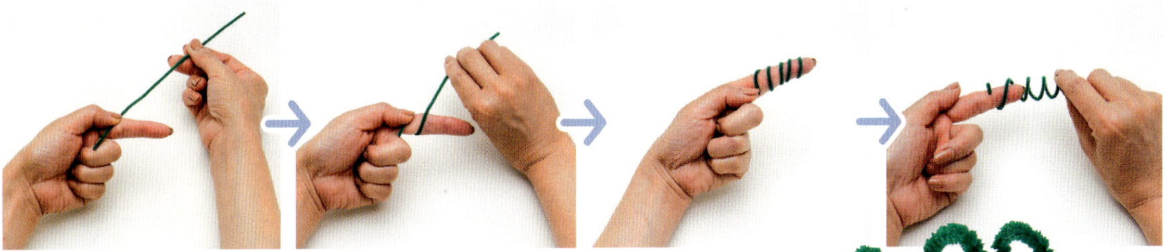

▲クレヨンやえんぴつがなければ、自分の指に巻いて
静かに抜くと、モールをクルクルさせられます。

モールは折る位置や曲げる位置を少しずつ変える
だけでも、色々な形を作れます。モールに触れて、
色々な形を自分で作ってみましょう。

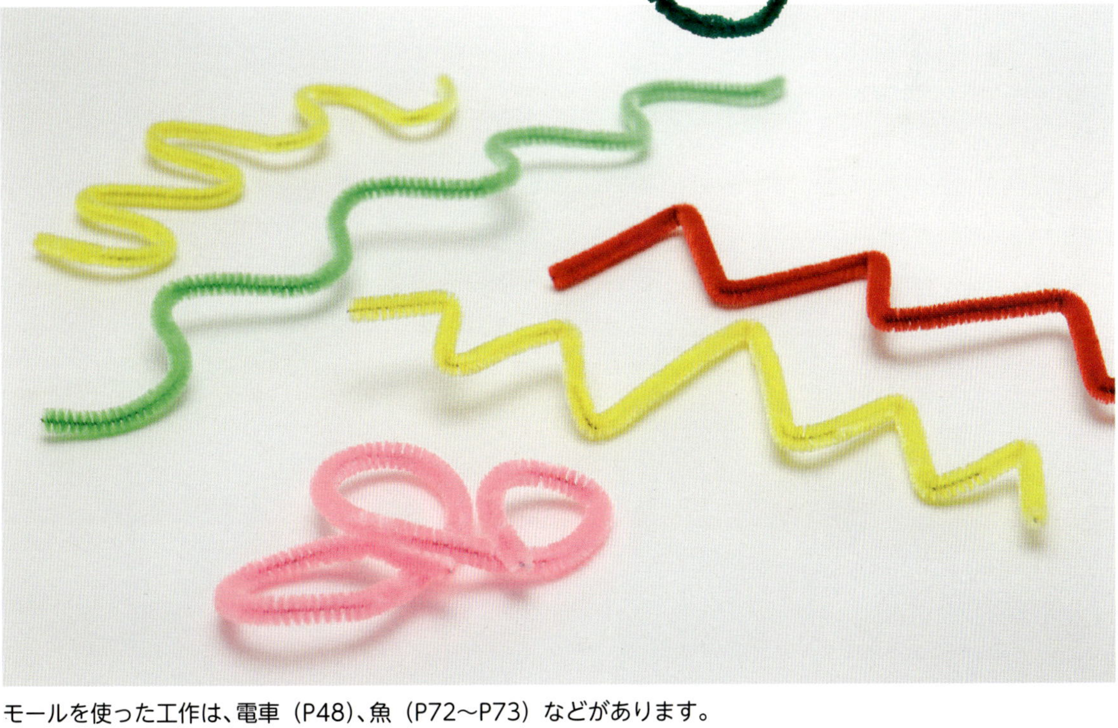

モールを使った工作は、電車（P48)、魚（P72～P73）などがあります。

モールの使い方

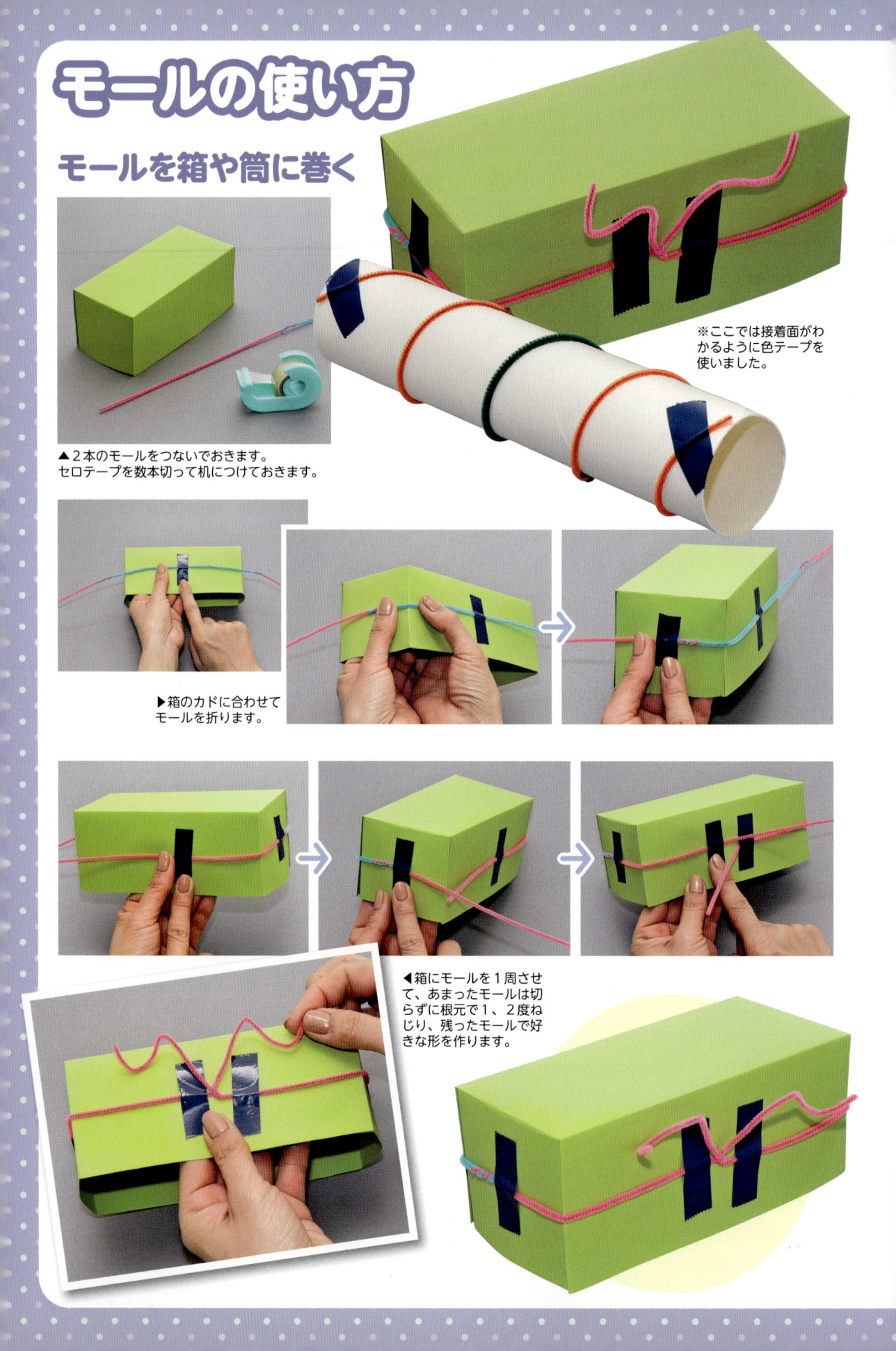

モールを箱や筒に巻く

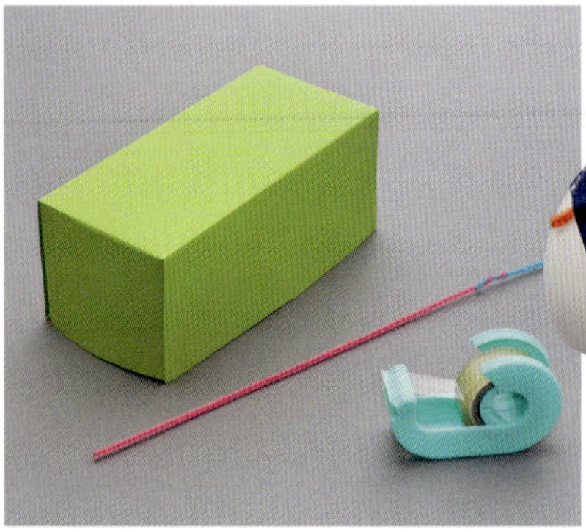

▲２本のモールをつないでおきます。
セロテープを数本切って机につけておきます。

※ここでは接着面がわかるように色テープを使いました。

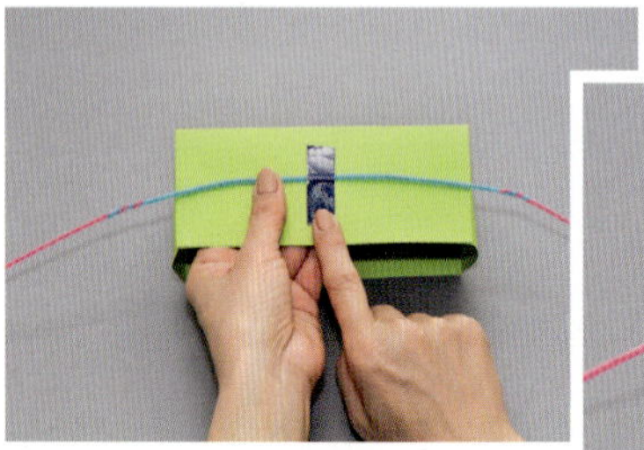

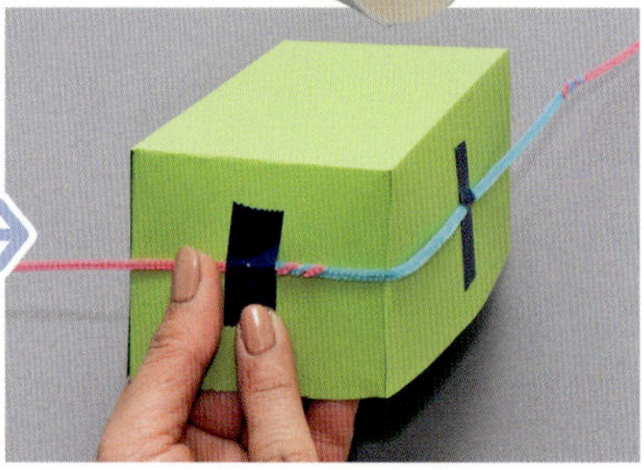

▶箱のカドに合わせてモールを折ります。

◀箱にモールを１周させて、あまったモールは切らずに根元で１、２度ねじり、残ったモールで好きな形を作ります。

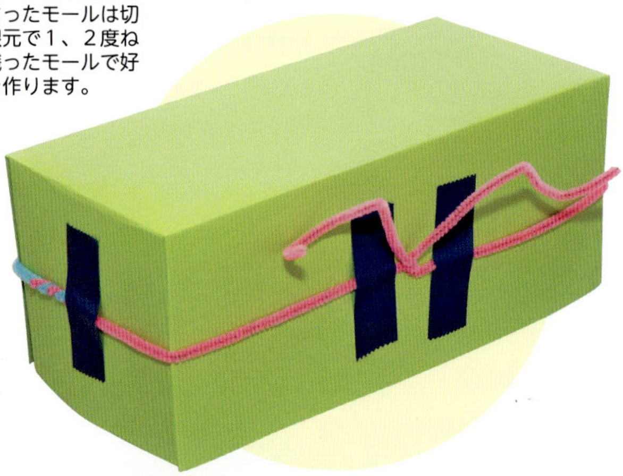

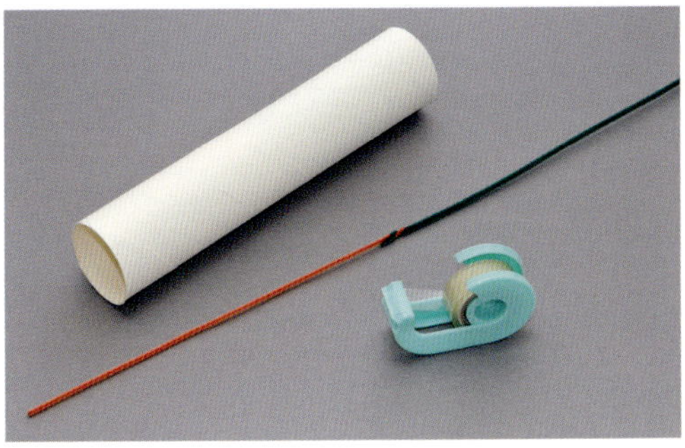

◀巻きつける筒の長さに合わせ、モールは２本、３本とつないでおきます。セロテープを数本切って机につけておきます。

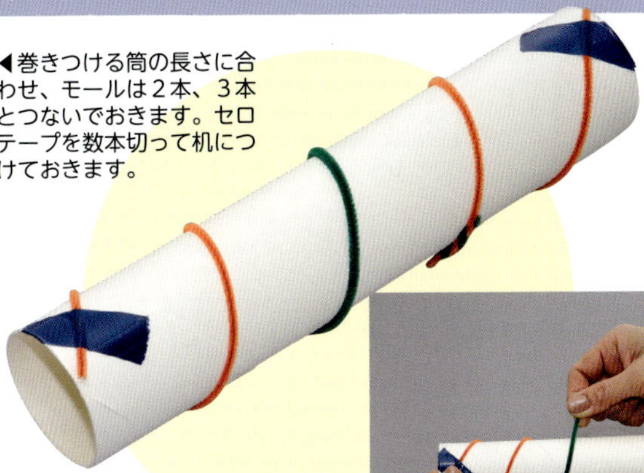

▼筒のはしにモールの先端をななめに置き、
モールに対して直角にセロテープをしっかり貼ります。

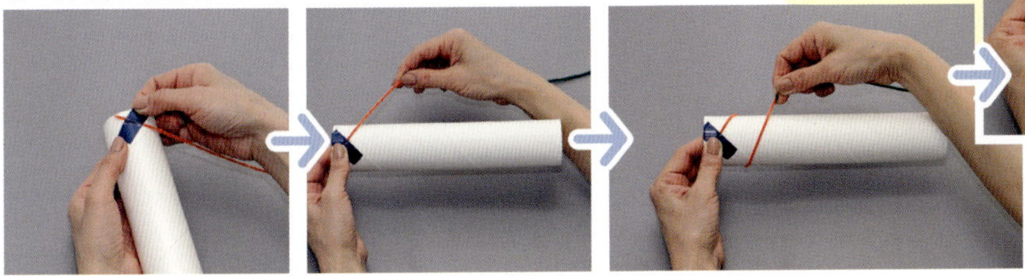

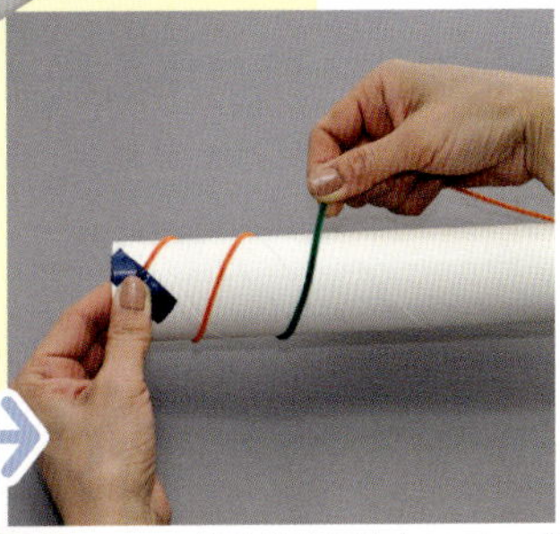

▲巻き終わりもセロテープでしっかりとめます。

わりばしやストローの使い方

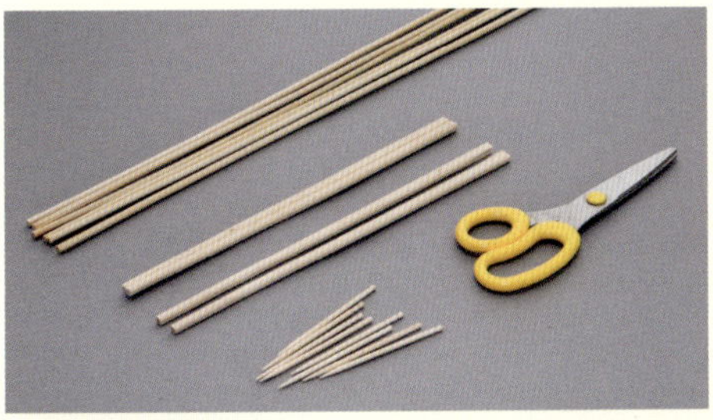

▲はさみでわりばしの真ん中に切り込みを入れます。切り込みを中心にＶの字に折ります。このままの形で使うこともできます。

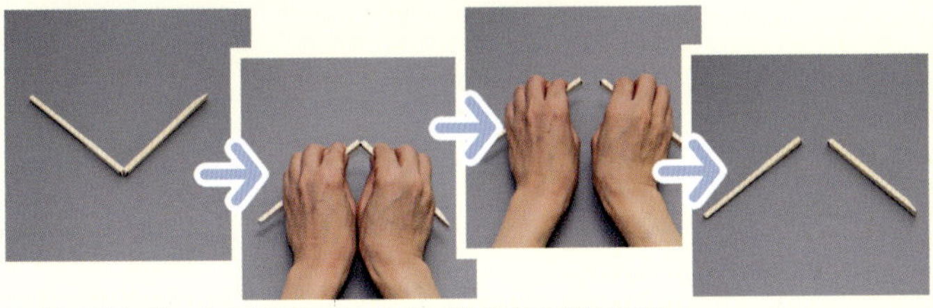

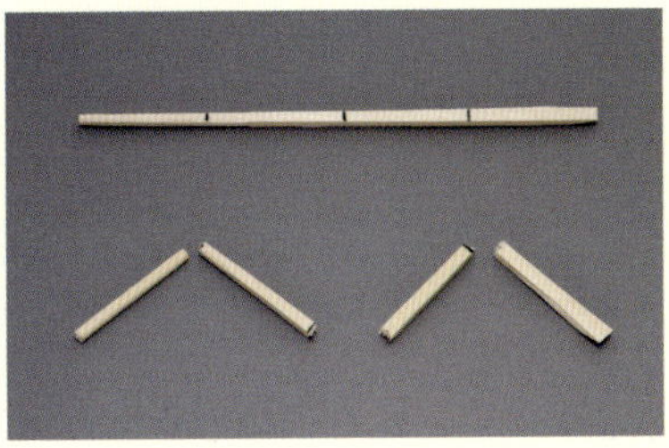

▲Ｖの字に折ったわりばしを、今度は逆向きに折ります。
同じ要領で１本を４分の１にもできます。

▶ストローはわりばしよりも柔らかいので、切り込みを入れなくても切ることができます。折り曲げて、セロテープでとめるだけでもいろいろな形が作れます。

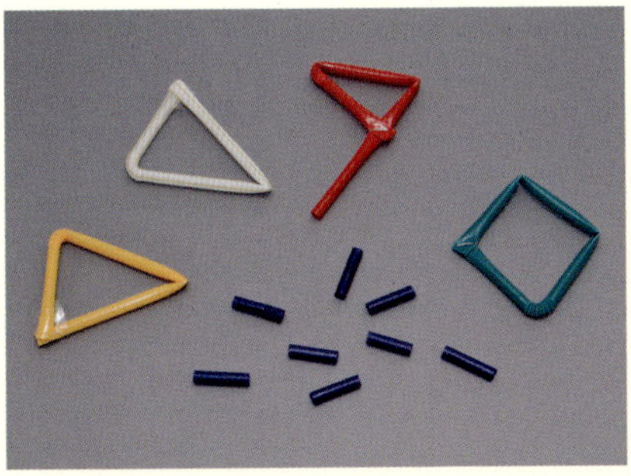

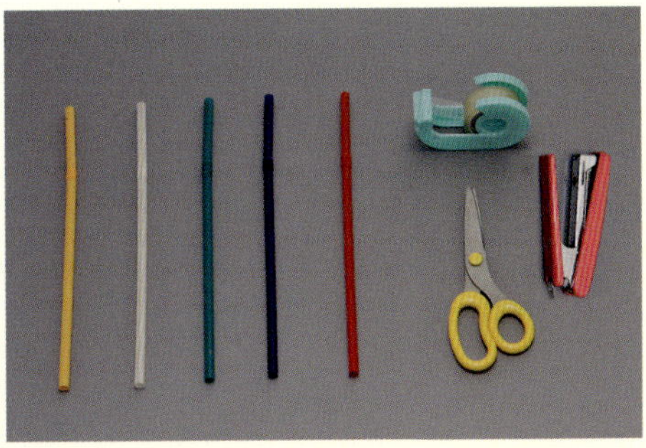

わりばしやストローを利用して、電車(P49)を作ることができます。

工作に利用できる様々な素材

**毛糸の残り、アルミホイルの芯、紙コップ、紙皿、荷造り用のヒモ…。
どんな素材も工作物に利用できます。**

さまざまな
素材で
魚を作る

工作に求められる子どもらしい、
のびのびとした
アイデアを形にしてみましょう

封筒で魚を作る

封筒、折り紙、ティッシュペーパーを使って魚を作ります。

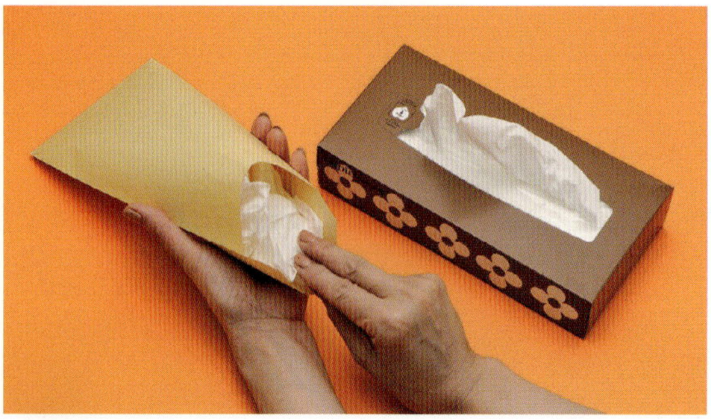

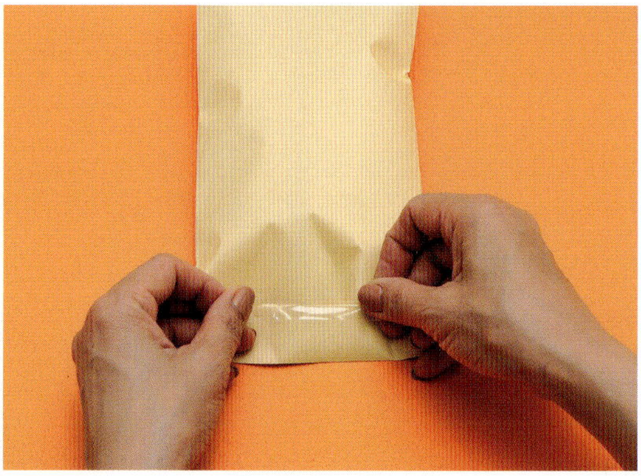

1 封筒にティッシュをつめて、セロテープでとめます。

2 封筒の上下を手でにぎり、セロテープでとめます。顔としっぽにするので、しっぽは少し大きめににぎります。

3 赤と水色の折り紙を重ねて４等分にします。水色の折り紙を２枚使って魚の目を作ります。水色が表にくるように丸めて、セロテープで巻いてボールのようにします。それを両面テープにしたセロテープで魚にくっつけます。

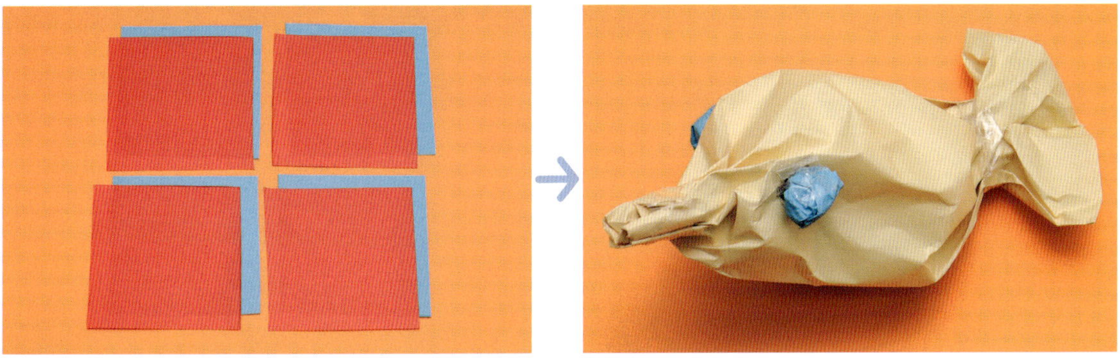

4 魚にもようを作ります。赤の折り紙を２枚重ねて、２回折ります。それを円の形に切り抜きます。（切りづらければペンで円を描きます）円を魚にセロテープでくっつけます。

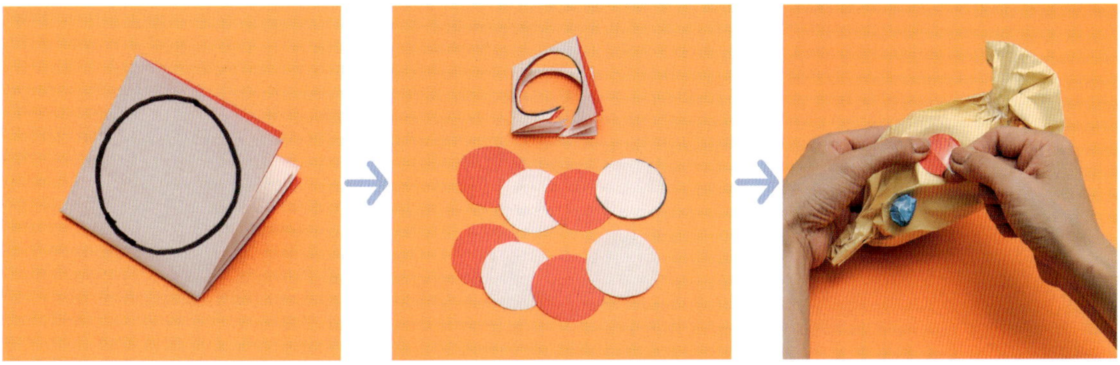

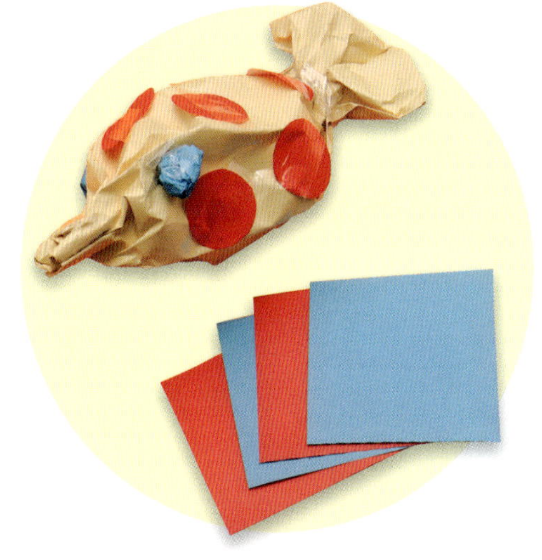

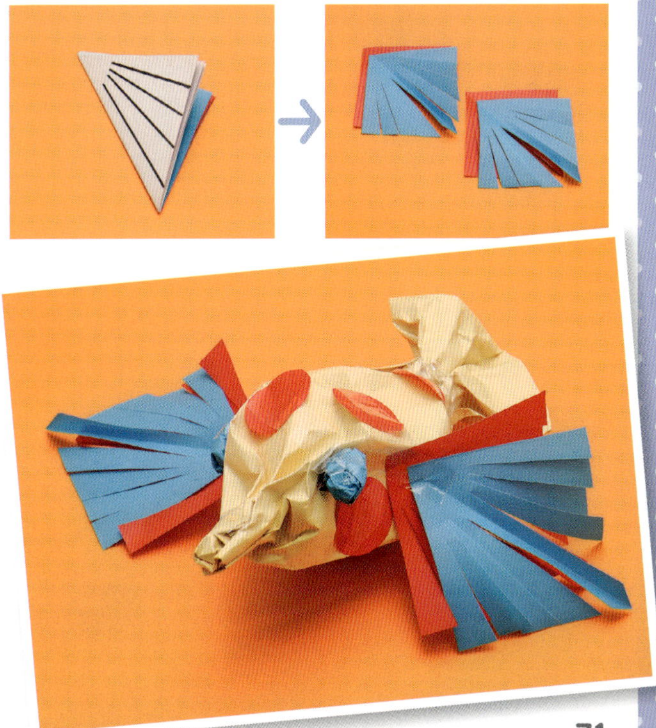

5 残った４枚を使って魚のヒレを作ります。４枚を重ねて三角形に折ります。線の部分にはさみで切り込みを入れます。（実際は線を描かずにだいたいの部分を切ります）赤と水色の折り紙を少しずらして魚にセロテープでくっつけます。

封筒で魚を作る part2

封筒、モール、ティッシュペーパーを使って魚を作ります。

1

今度は封筒にティッシュをつめた後に、左側を三角形に折って顔の部分を作ります。しっぽは今まで通り、手でにぎって作ります。

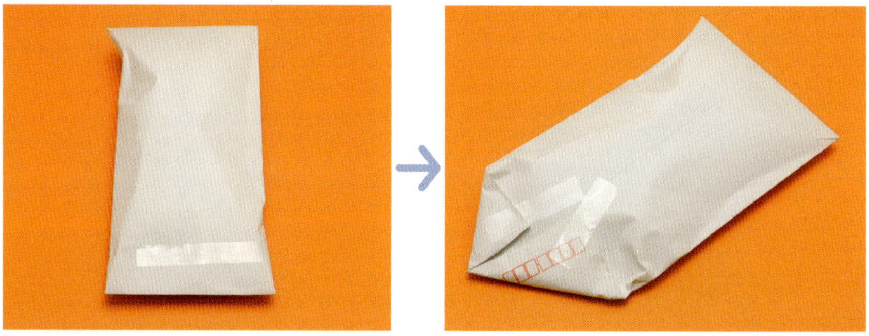

2

1 本のモールをはさみで半分に切り、2 本にします。これで魚の目を作ります。2 本をうずまき状に巻いて、セロテープで魚にくっつけます。

3 魚に飾りつけをします。魚の体にモールをつけます。モールが封筒からはずれないようにセロテープでしっかり貼ります。

4 赤いモールをギザギザの形にして、魚の体にセロテープでつけます。もう 1 本の赤いモールを半分に切り、ヒレの形を 2 つ作ってセロテープで貼ります。

▼モールをひし形に曲げて、口の形を作りセロテープで魚にくっつけます。

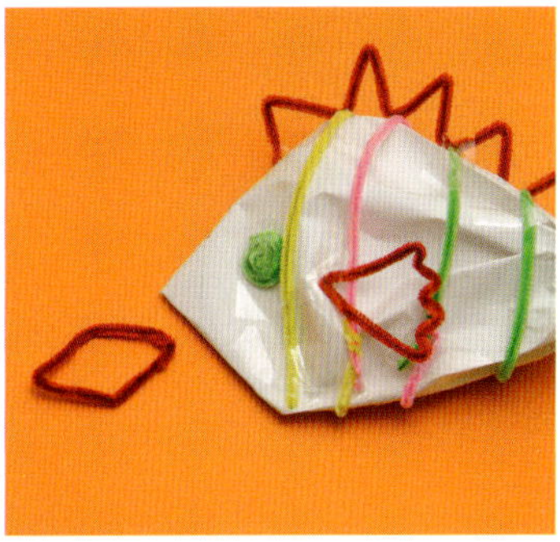

5 1 本のモールを使ってライトを作り、セロテープで魚にくっつけます。

封筒の色や大きさ、組み合わせを変えることで様々な魚を作ることができます。

色画用紙で魚を作る

「紙を使って魚を作る」という問題が出ると、子どもは紙に魚の絵を描いて切り抜こうとします。紙工作は紙を使って立体感を出すことが大事です。

色画用紙、すずらんテープ、クーピーペンを使い魚を作ります。

1 まず胴体を作ります。セロテープを短めに3本切って、机のはしに貼っておきます。長方形の色画用紙の長い辺の上下を持って、丸めます。

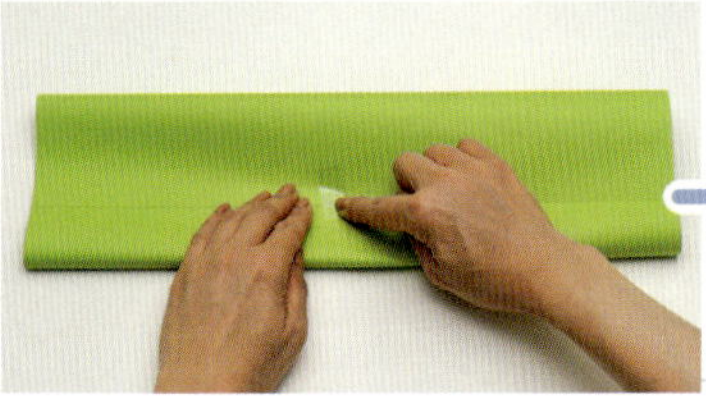

▲丸めた紙のつなぎ目の真ん中、左、右にセロテープで仮どめを貼ります。

▲セロテープを紙の長さに長く出し、貼ります。しっかりおさえます。

2 色画用紙の左の部分を顔にします。胴体をセロテープでとめた部分を左手に持ち、右手でへこませます。へこませた先端部分をセロテープでとめます。

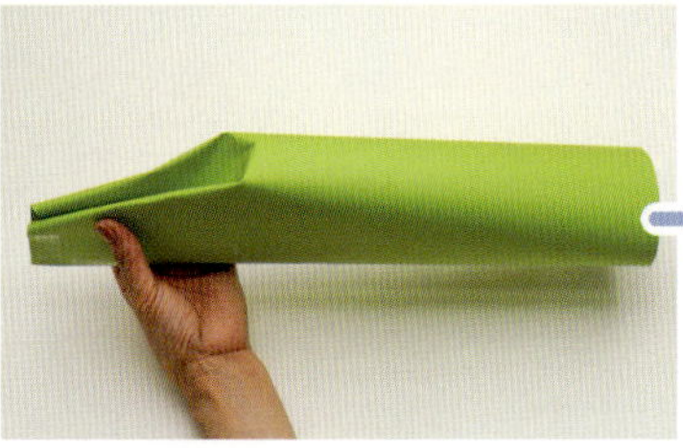

3

しっぽを作ります。長めにセロテープを切っておきます。色画用紙の右側をクシャッと手でにぎり、手でにぎった部分を長めのセロテープで巻きつけて、しっぽの部分を手で広げます。

4

はさみで顔としっぽを整えます。顔としっぽに切り込みを入れて魚の形にします。クーピーペンで目も描きます。

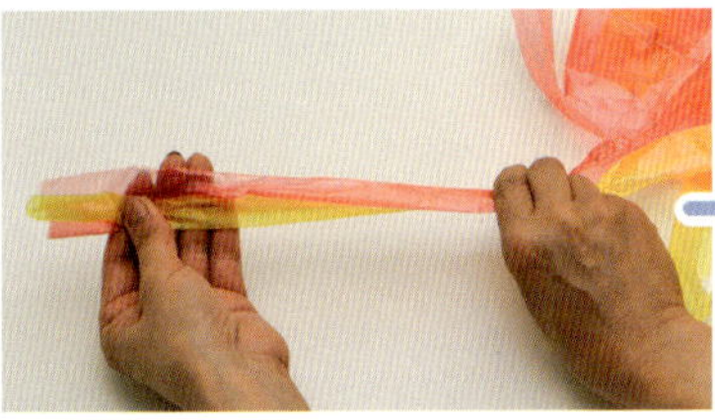

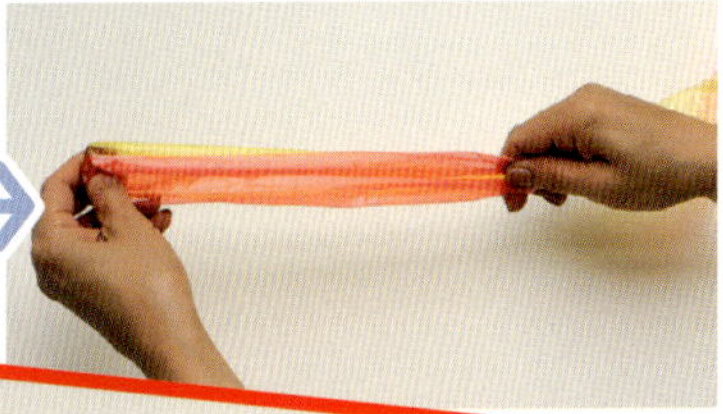

5

さらに魚のえらをすずらんテープで作ります。２本いっしょに持ったすずらんテープを長めに出しておきます。適当な長さに持って、同じくらいの長さに折って輪っかを作ります。さらに２～３回続けて輪っかを作り、はさみで切ります。

6

切ったすずらんテープをセロテープでひとまとめにして、そのまま魚にくっつけます。輪っかのすずらんテープをまとめて指でさきます。

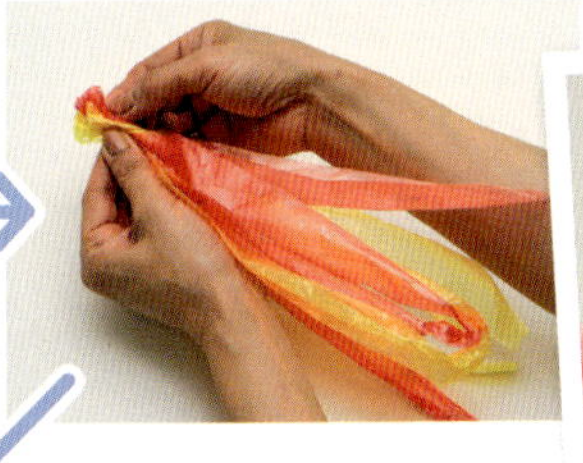

注意! 最後までさかない。

色の組み合わせを変えたり、しっぽの形を変えたり、大きさを変えることで様々な魚を作ることができます。

こんな魚も作れます

ティッシュをつめる袋を大きくすると
大きな魚が作れます。
袋の色も魚のイメージを
作るのに役立ちます。

紙コップと紙皿で工作を作る

どこにでもある材料で
立体的な工作物を作ってみましょう

紙皿を使って船を作る

紙皿が❶枚のとき

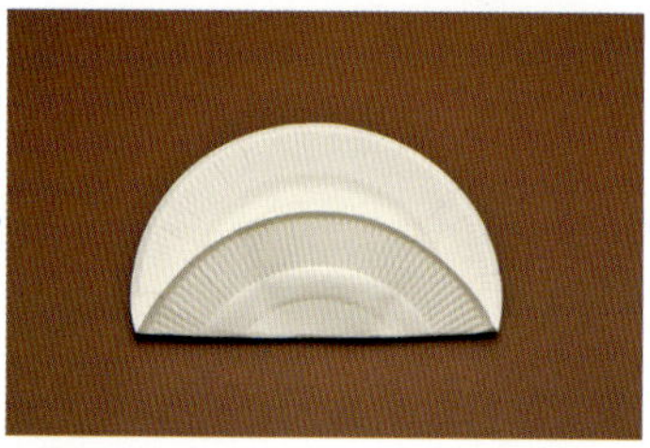

▲紙皿の手前と奥の部分を折ります。まず手前を折り、上下をひっくり返します。
そして奥（この段階では手前に来ている方）も同じように折ります。
（だいたい同じくらいの長さになるように折ります）

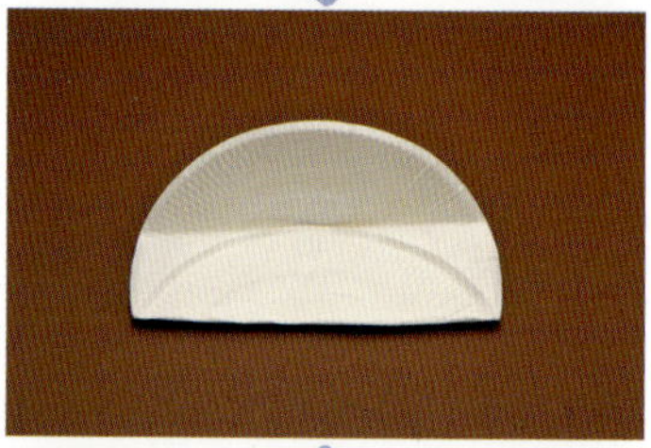

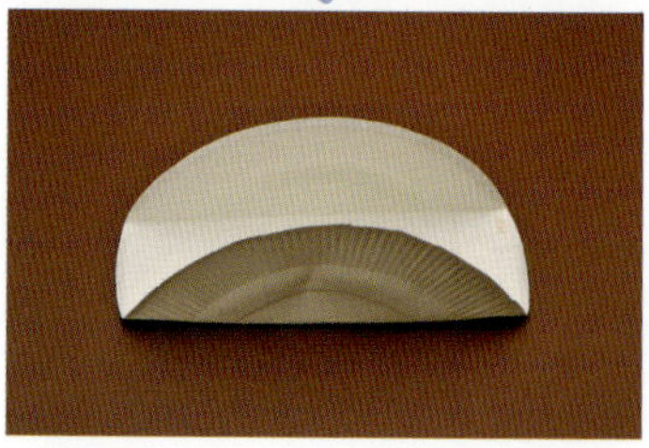

▲紙皿を立てて、船の土台の完成です。

紙皿が②枚のとき

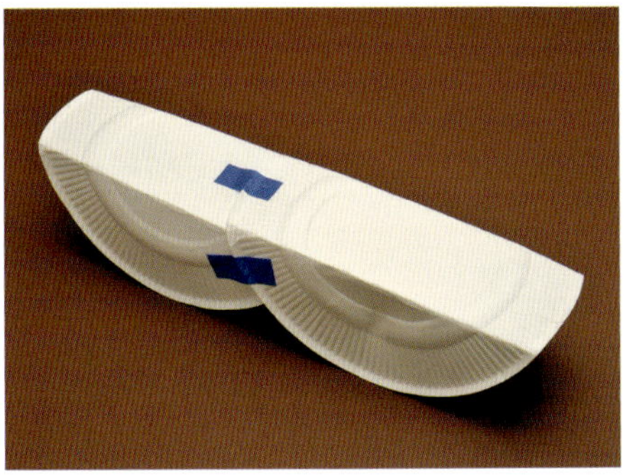

◀のりしろ部分をセロテープでとめます。

紙皿が③枚のとき

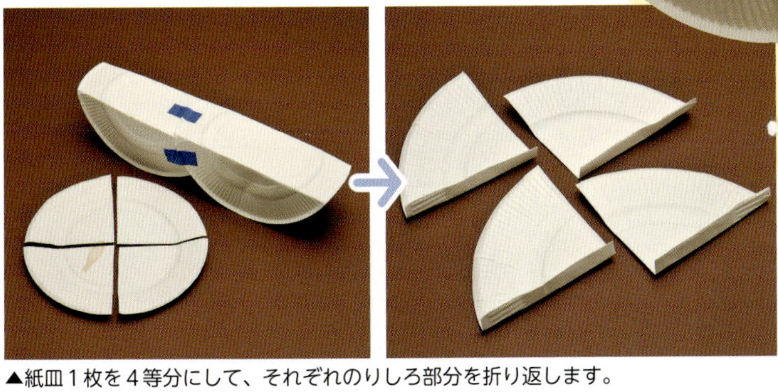

▲紙皿１枚を４等分にして、それぞれのりしろ部分を折り返します。

紙皿の使用枚数が増えていった場合は、船の連結→帆を立てるを繰り返します。飾りつけはペンやモール、紙コップなども使って作りましょう。

紙皿を使って電車を作る

紙皿が②枚のとき

◀紙皿２枚を重ねて、船を作るときと同じように折ります。

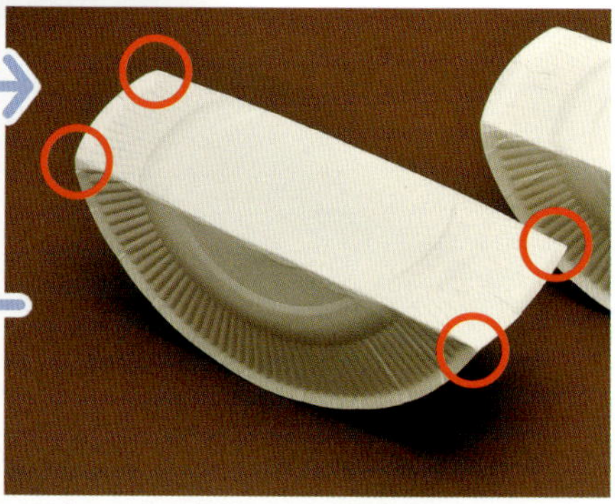

▲はさみで○の部分に切り込みを入れます。

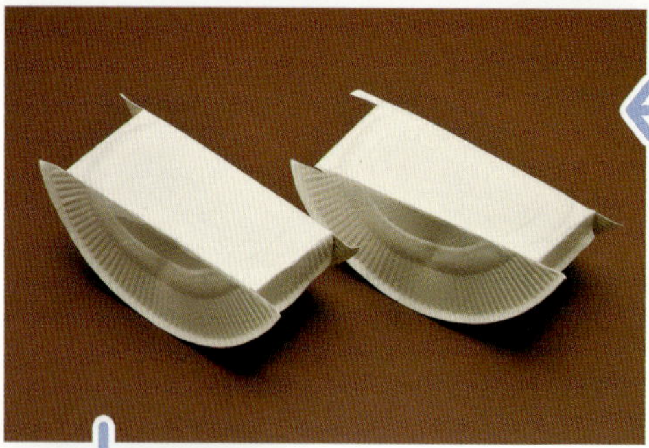

▶切った部分を内側へ折り返します。

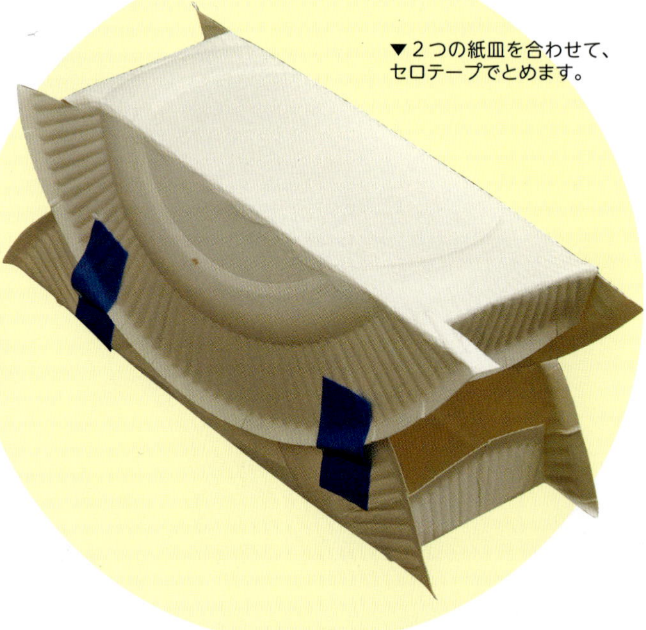

▼２つの紙皿を合わせて、セロテープでとめます。

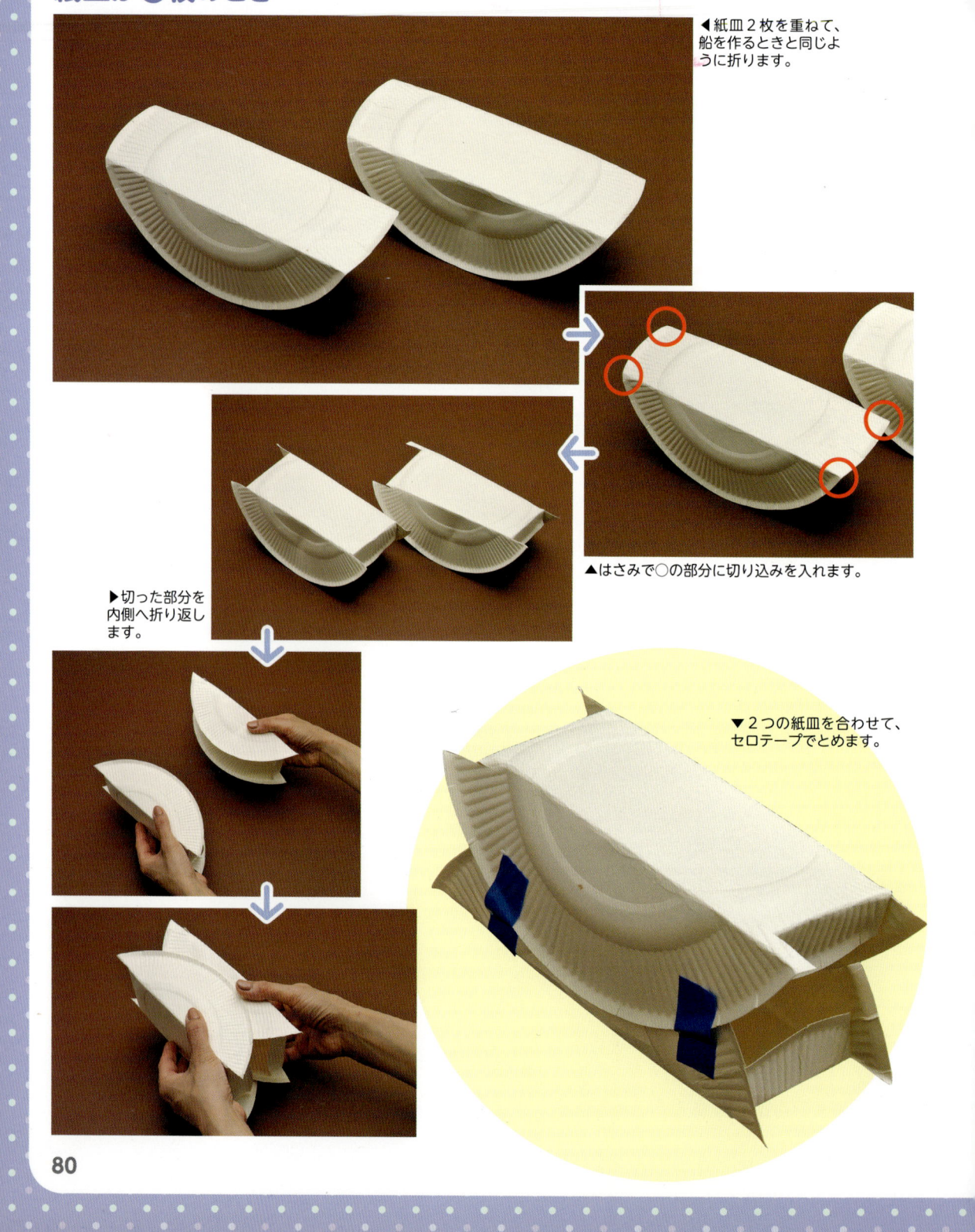

紙皿が③枚のとき

電車の鼻を作る

紙皿にはさみで切り込みを入れて、丸めていきます。
セロテープで固定して、電車にくっつけます。

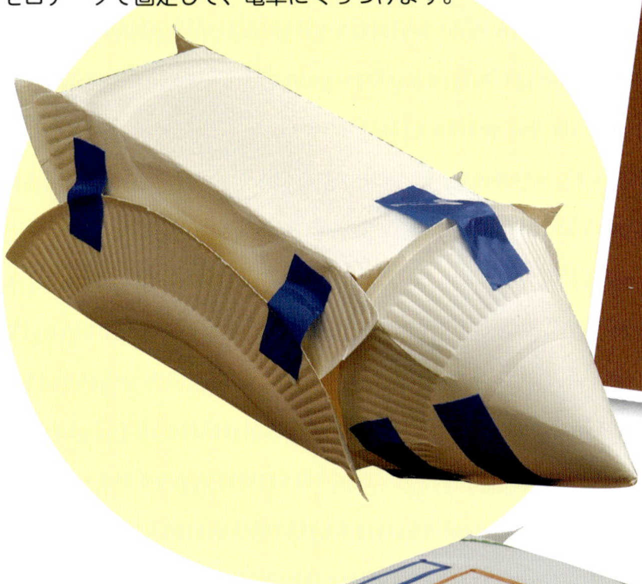

紙コップを使って船を作る

★紙コップの切り方1

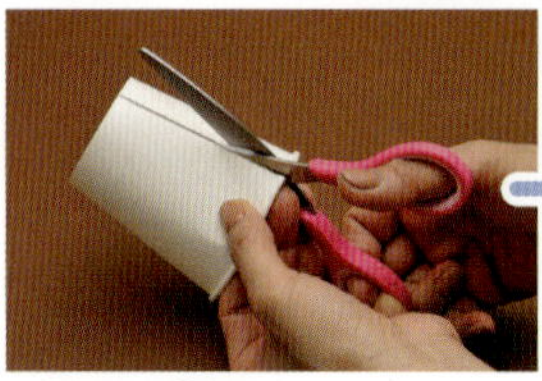

▲紙コップをはさみで半分に切ります。

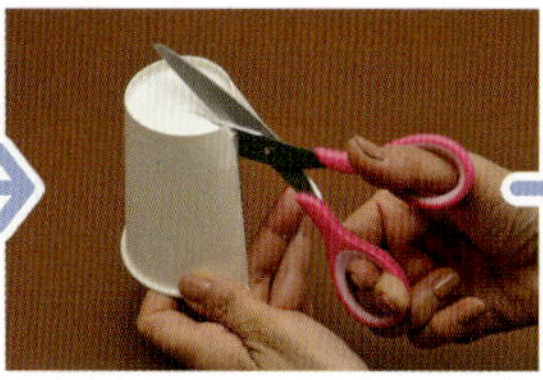

▲切るときは紙コップのつなぎ目を切ります。

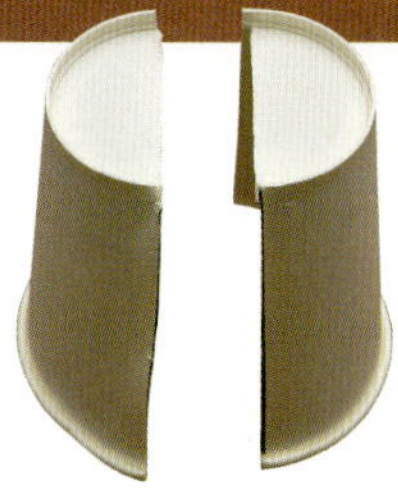

▲はさみで上に押すような感じで、根元で切り進めます。底の部分までできたらまっすぐに切り、反対側も切ります。

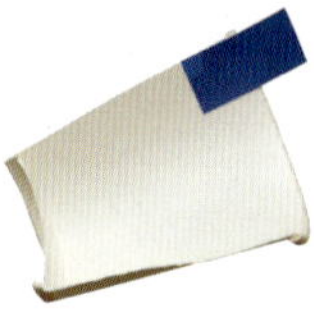

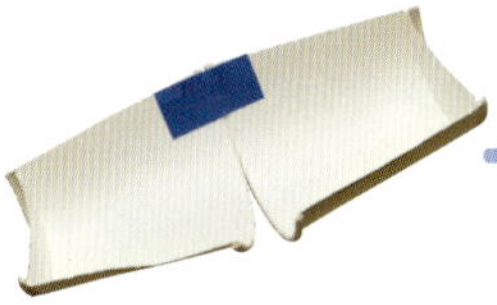

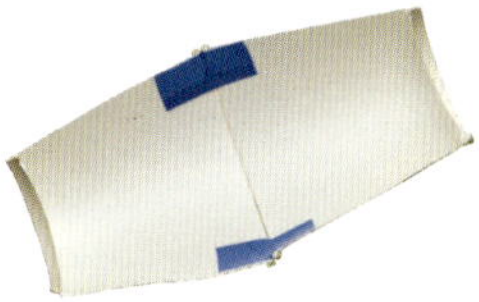

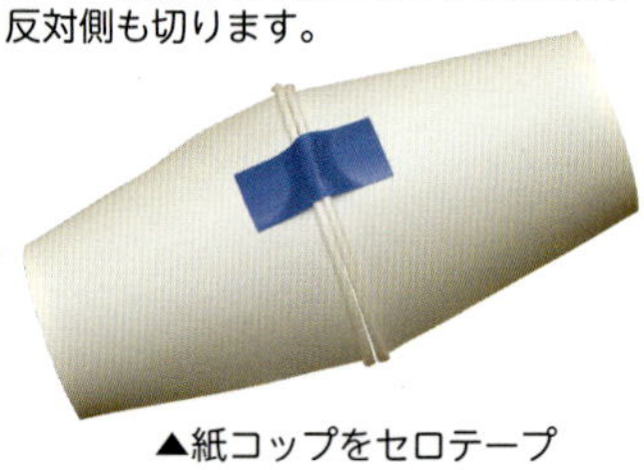

▲紙コップをセロテープで３カ所とめます。

★紙コップの切り方2

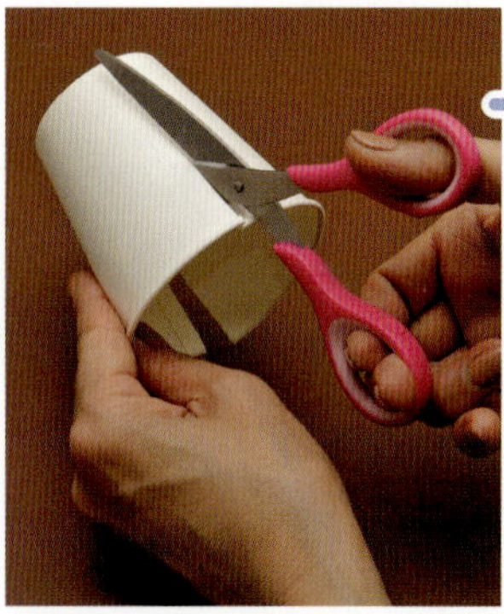

▲こちらでは底を切らずに、つなぎ目と反対側を切ります。

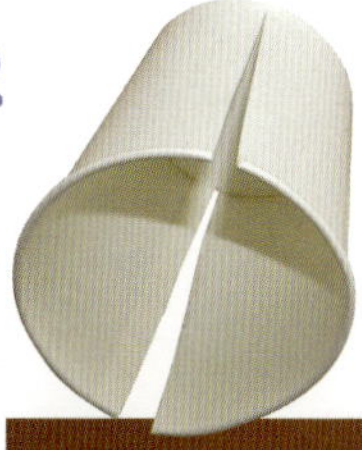

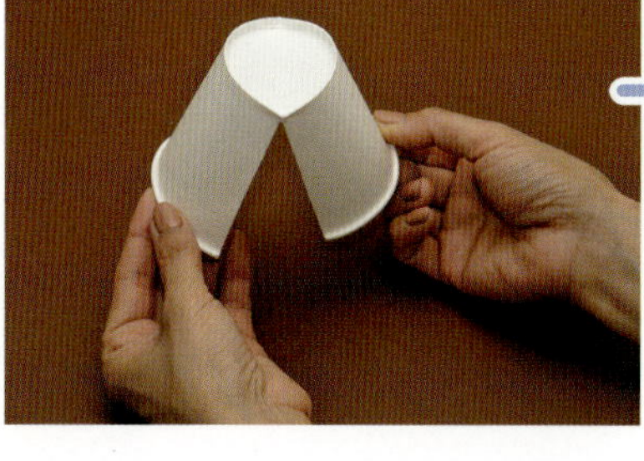

▶紙コップの左右を手で持ち上げて、紙コップのつなぎ目を手で持ち、長めのセロテープでとめます。

紙コップが②つのとき

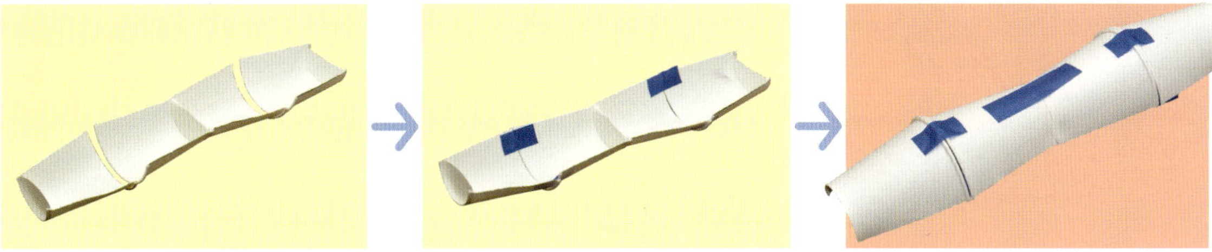

▲紙コップの切り方１と２で作ったものを組み合わせて大きくします。

紙コップが③つのとき

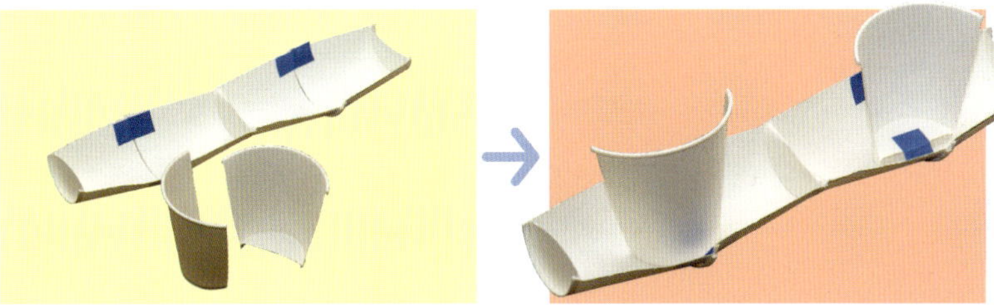

◀半分に切った紙コップで帆を立てます。

紙コップが④つのとき

◀２つの船をつなげて大きくします。

紙コップが⑤つのとき

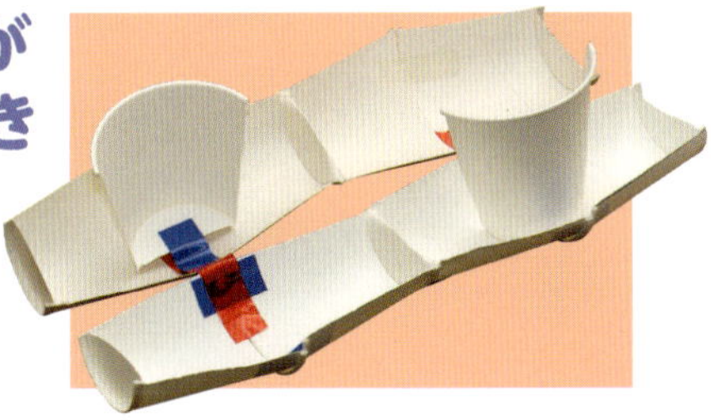

紙コップが⑥つのとき

▲１つからいくつ紙コップを使っても、タテ、ヨコ、高さへどんどん大きくすることができます。

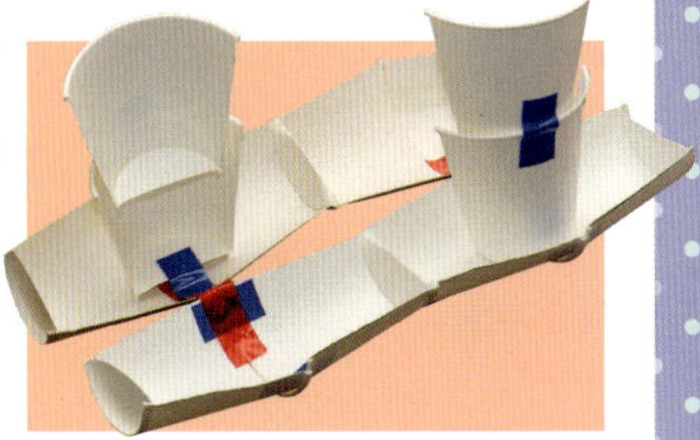

出来上がった船には、折り紙やペンなどを使い飾りつけをします。

紙コップを利用して花を立てる

発泡スチロールの入れ物に色をつける

発泡スチロールには、クレヨンやサインペンでもようを描くときれいに色がつきます。飾りつけをするときに活用しましょう。

紙を立たせてみよう

簡単に動物が作れたら、
グループ問題も大きな工作に
挑戦できます

画用紙を2つ折りにして動物を作ろう

使うもの／色画用紙、はさみ、クレヨン、のり

ぞうを作ります

1 紙を半分にします。

2 一度紙を立て、手でつぶします。

こうすることで絵を逆さに描いてしまうことを防げます。

3 ぞうの絵を紙の片側に描いていきます。
折った線がぞうの背中になります。

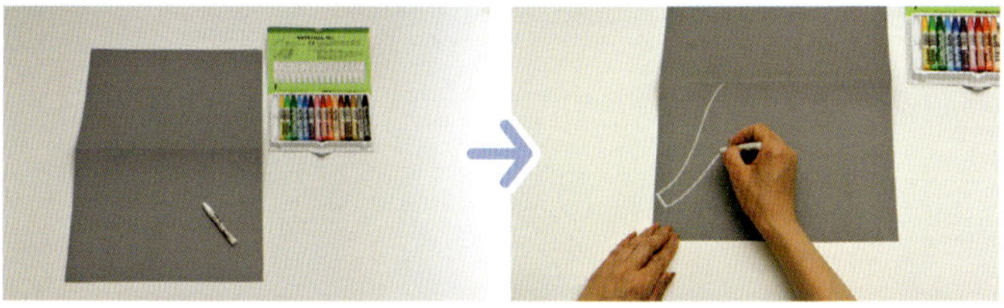

▲ぞうの足の部分にのりしろを作ります。

4 紙を半分に折り、絵を逆さにして折り目の方から切り始めます。
こうすると、上の１枚のみを切ってしまうことを防げます。

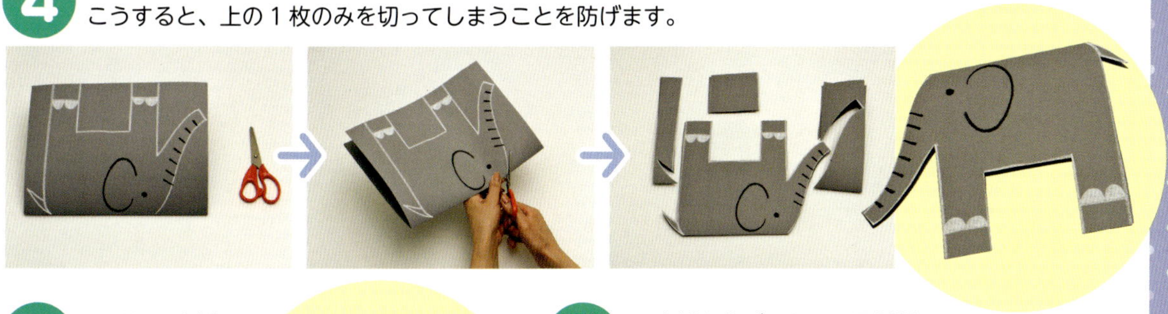

5 のりしろを折り返します。

6 一度紙を広げてから、反対側に同じ絵を描きます。

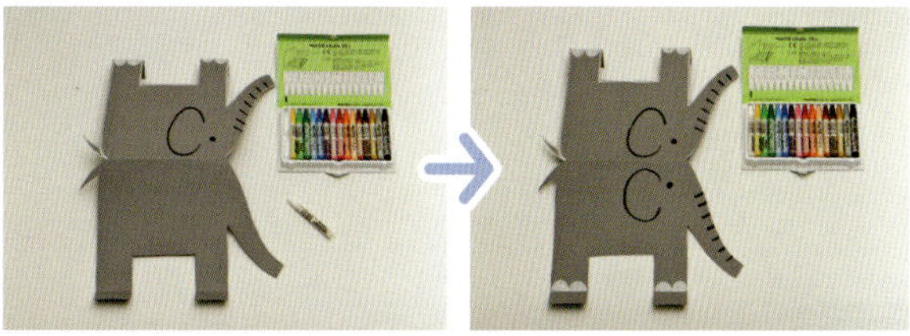

7 のりしろを内側に折り返して、ぞうを立たせます。

画用紙を2つ折りにして動物を作ろう

キリンを作ります

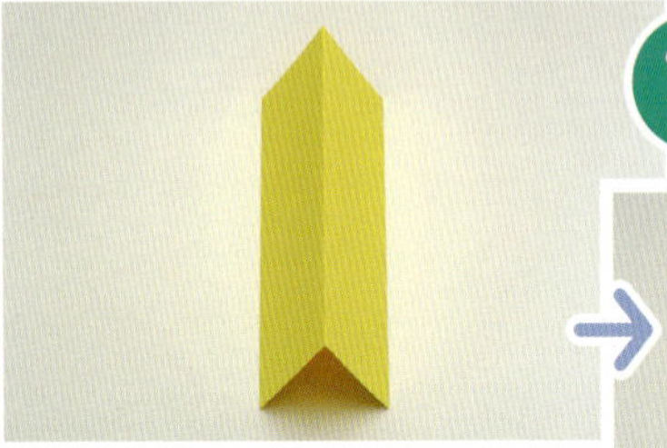

1 紙を半分にします。

2 一度紙を立て、手でつぶします。

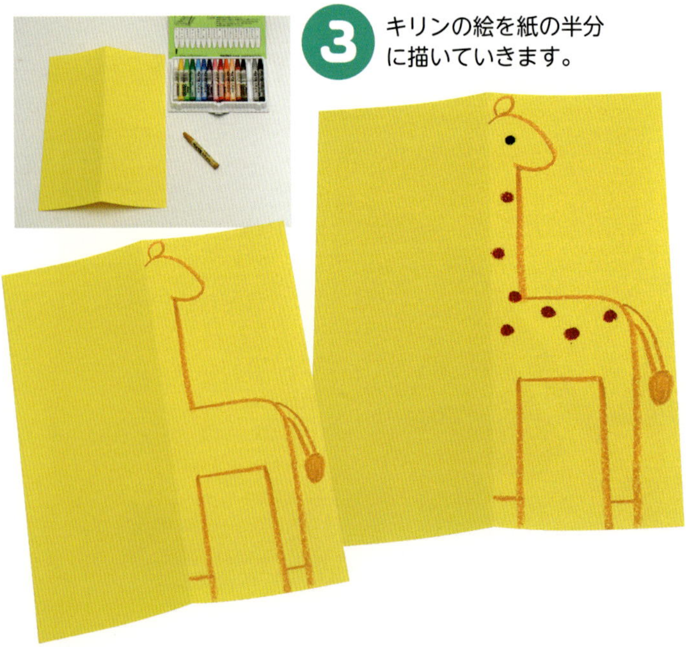

3 キリンの絵を紙の半分に描いていきます。

4 足にのりしろを作り、紙を半分に折り、紙を反対にして切ります。

5

キリンの場合は3点で立たせるので、内側の足ののりしろ部分に切り込みを入れてあげます。

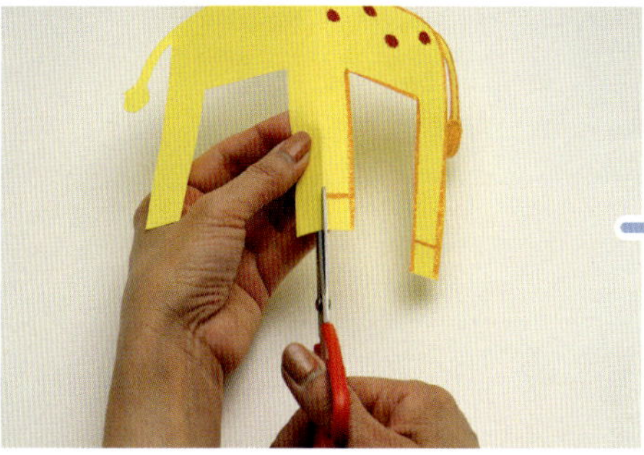

6

のりしろを内側に折り込み、キリンを立たせます。

馬を作ります

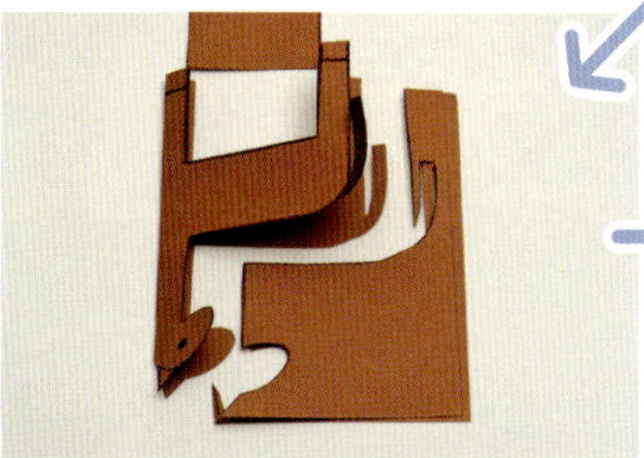

馬もキリンと同じように3点で立たせるので、同じに作ることができます。

画用紙を2つ折りにして動物を作ろう

白クマを作ります

ぞうやキリンと同じように、のりしろを描く所まで作ります。

白クマは顔を片側に描きます。

注意! ▶反対側には白クマの顔は描きません。（耳も描きません）

うさぎを作ります

うさぎも白クマと同じように作ります。顔は片側にだけ作ります。耳だけは別の所に描いて、切り取ります

▶もう片方の耳に色をつけて、のりで頭に耳をつけます。

ライオンを作ります

ライオンも同じように作ります。顔は片側にだけ作ります。

▶ライオンのたてがみの描き方に注意！反対側に顔の丸い部分はぬりません。

2種類の折り方と3種類の使い方があります。

同じ大きさの紙でも、折り方が２種類、立て方で３種類あります。左がキリン、真ん中が馬、右がぞう、ライオン、くま、うさぎになります。

描いた絵を立たせる方法

1 縦長の紙を用意します。

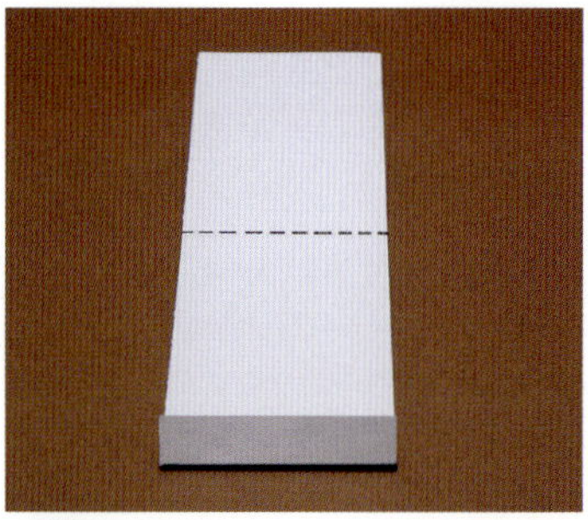

2 手前を折って、のりしろを作ります。のりしろは折ったままにしておきます。

3 紙を半分に折ります。

4 半分に折った紙の手前を少し折り返します。

5 折った部分を開き、これを下にすると三角形を立たせることができます。

6 最初に作ったのりしろをホチキス、のり、セロテープなどでとめます。

紙の長さを変えれば、いろいろな高さの三角形を作ることができます。

7 画用紙に描いて切り抜いた絵を、長方形の紙にのりやセロテープで貼りつけます。家や車なども作り、１枚の大きな紙に並べて街を作ることもできます。

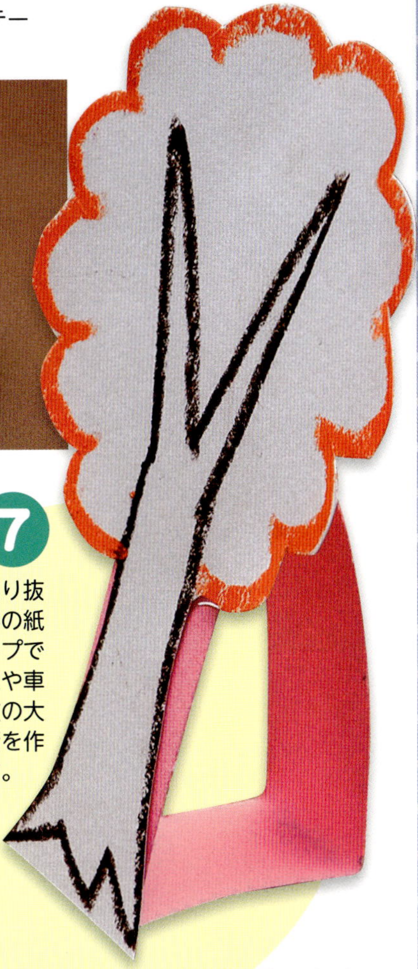

三角形に作った紙にこのように貼ります。

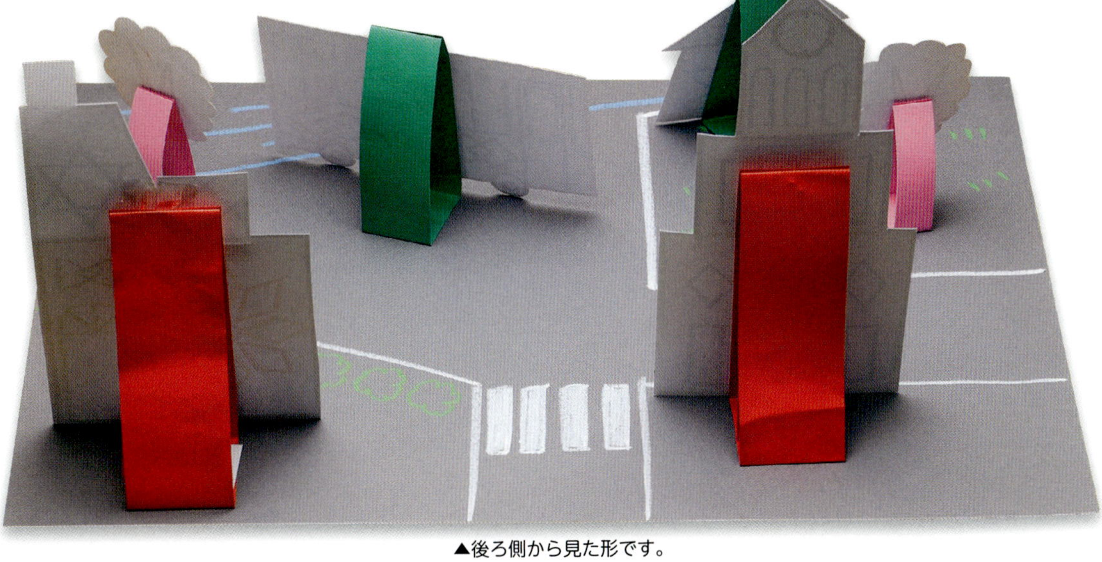

▲後ろ側から見た形です。

紙を立ててみると
もっと立体的な大きなものが作れます。
紙工作の基本が分かってくると
すべり台やシーソーなど
かなり大きな作品が作れます。

過去の受験問題と解答例

受験したい小学校の傾向を探り、
工作に何を求めているのかを見る

過去の受験問題

慶應義塾幼稚舎 2009年

問題

空を飛ぶもので好きなものを作る

男の子

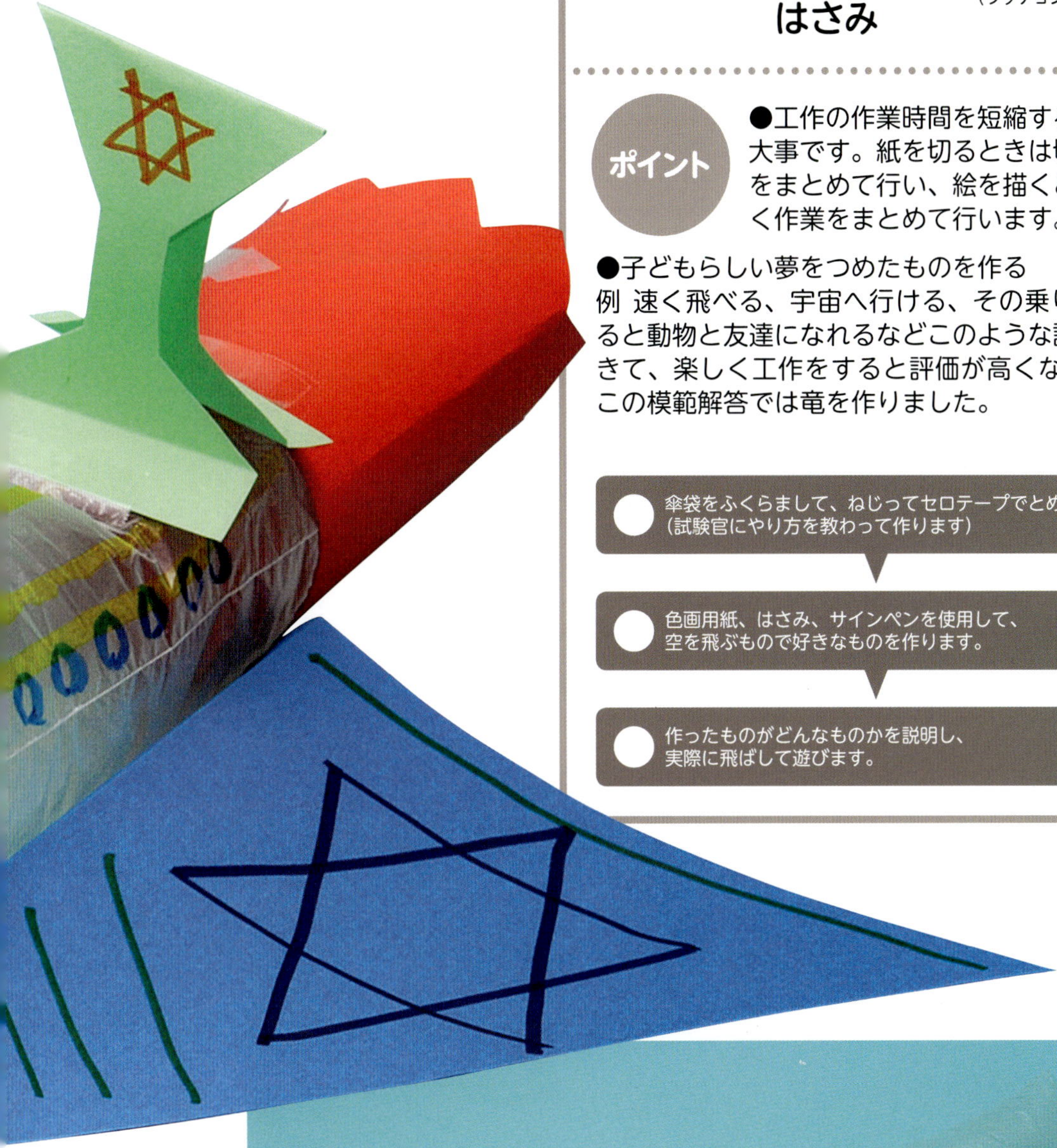

使うもの／傘袋、セロテープ、色画用紙、サインペン《(ラッチョンペン)》、はさみ

ポイント

●工作の作業時間を短縮することが大事です。紙を切るときは切る作業をまとめて行い、絵を描くときは描く作業をまとめて行います。

●子どもらしい夢をつめたものを作る
例 速く飛べる、宇宙へ行ける、その乗り物に乗ると動物と友達になれるなどこのような説明ができて、楽しく工作をすると評価が高くなります。この模範解答では竜を作りました。

- 傘袋をふくらまして、ねじってセロテープでとめます。（試験官にやり方を教わって作ります）
- 色画用紙、はさみ、サインペンを使用して、空を飛ぶもので好きなものを作ります。
- 作ったものがどんなものかを説明し、実際に飛ばして遊びます。

過去の受験問題

慶應義塾幼稚舎 2008年

問題

家と庭を作る

女の子

使うもの／画用紙、クレヨン

ポイント

●あまり見かけない道具が試験に出てくることもあります。このテストでは口紅のように繰り出すクレヨンを使用して絵を描く問題でした。使い方が分からないとテストに答えられないので、普段からいろいろな道具に触れておきましょう。

●自分が住みたい家を想像して箱に絵を描きます。今回はお菓子の家を描きました。

●庭は上から見た所を描くことになるので気をつけましょう。

白い箱に家を描きます。

白い画用紙に庭を描きます。

過去の受験問題

慶應義塾幼稚舎 2006年

問題

変な顔を作る

男の子

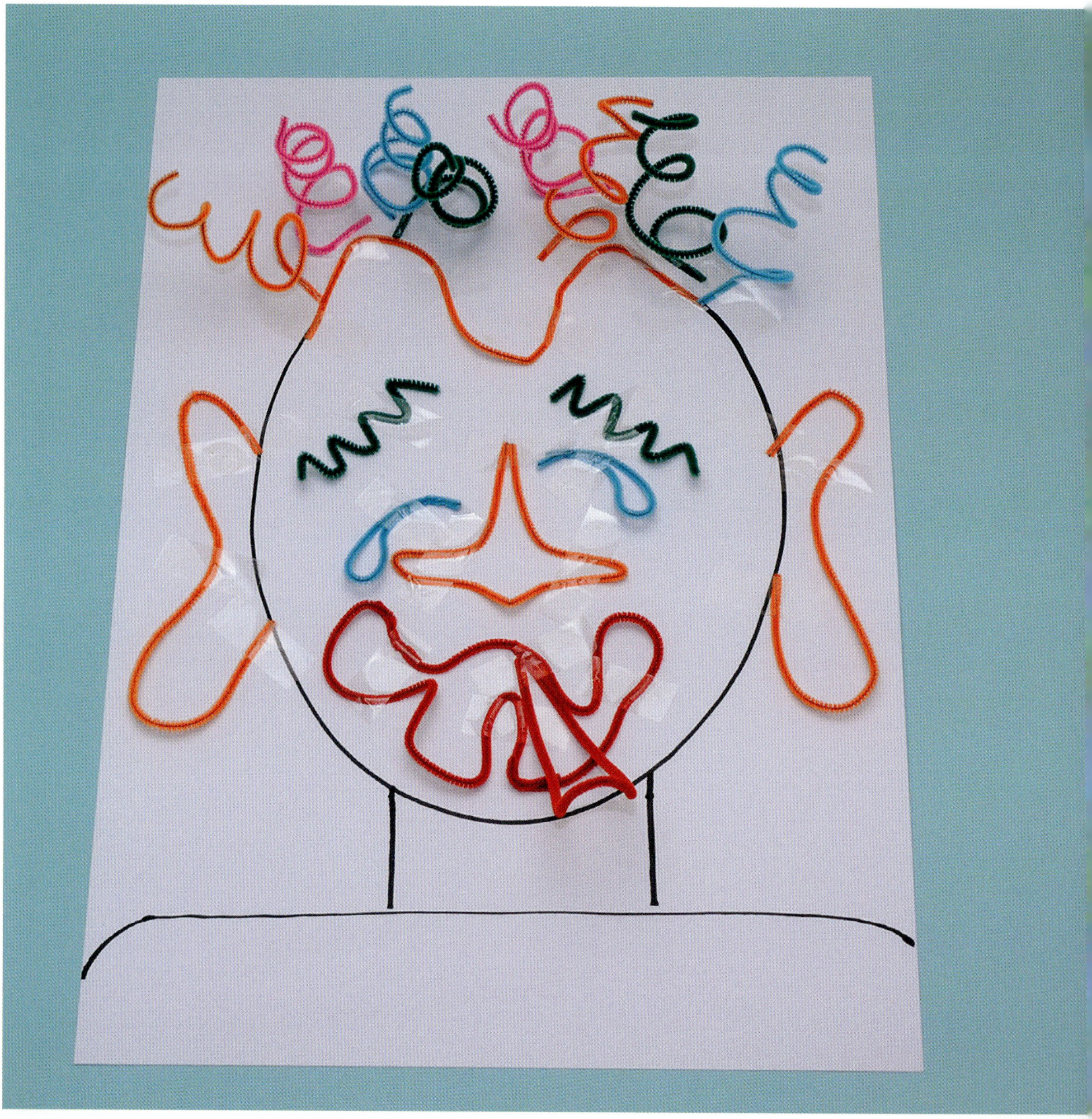

使うもの／モール、セロテープ、はさみ

ポイント

●モールを輪っかにしたり、ギザギザにして、形を変形させてセロテープでとめていきます。

●必ず人の顔を作りましょう。（目は２つ、鼻は１つ、口は１つ）変な顔なのですが、顔に見えることは大事です。好きな人の顔を作るグループもありました。

●平面の問題でも、立体感を出すことで評価が高くなります。

白い画用紙に描いてある輪郭にモールをつけて顔を作ります。

過去の受験問題

慶應義塾幼稚舎 2000年

問題

こんな洋服があったらいいな

男の子　女の子

解答例 女の子

解答例 男の子

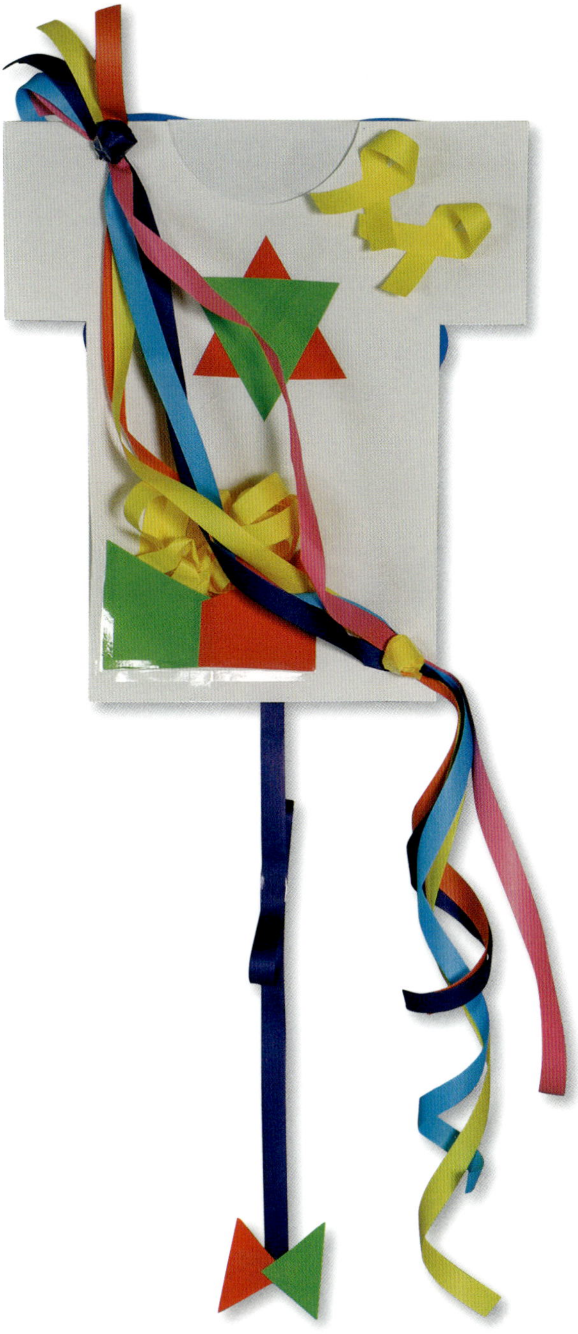

使うもの／色画用紙、紙テープ、セロテープ、はさみ

ポイント

●様々なテーマがあり、そのテーマに合う洋服を作ります。

●子どもらしい発想で、どんな服を着たいか考えます。女の子は『魔法』が使えるようになる洋服を作り、男の子は『動物と友達になれる』洋服を作りました。

過去の受験問題

慶應義塾幼稚舎 1992年

問題

うちわを使って好きなものを作る

男の子 女の子

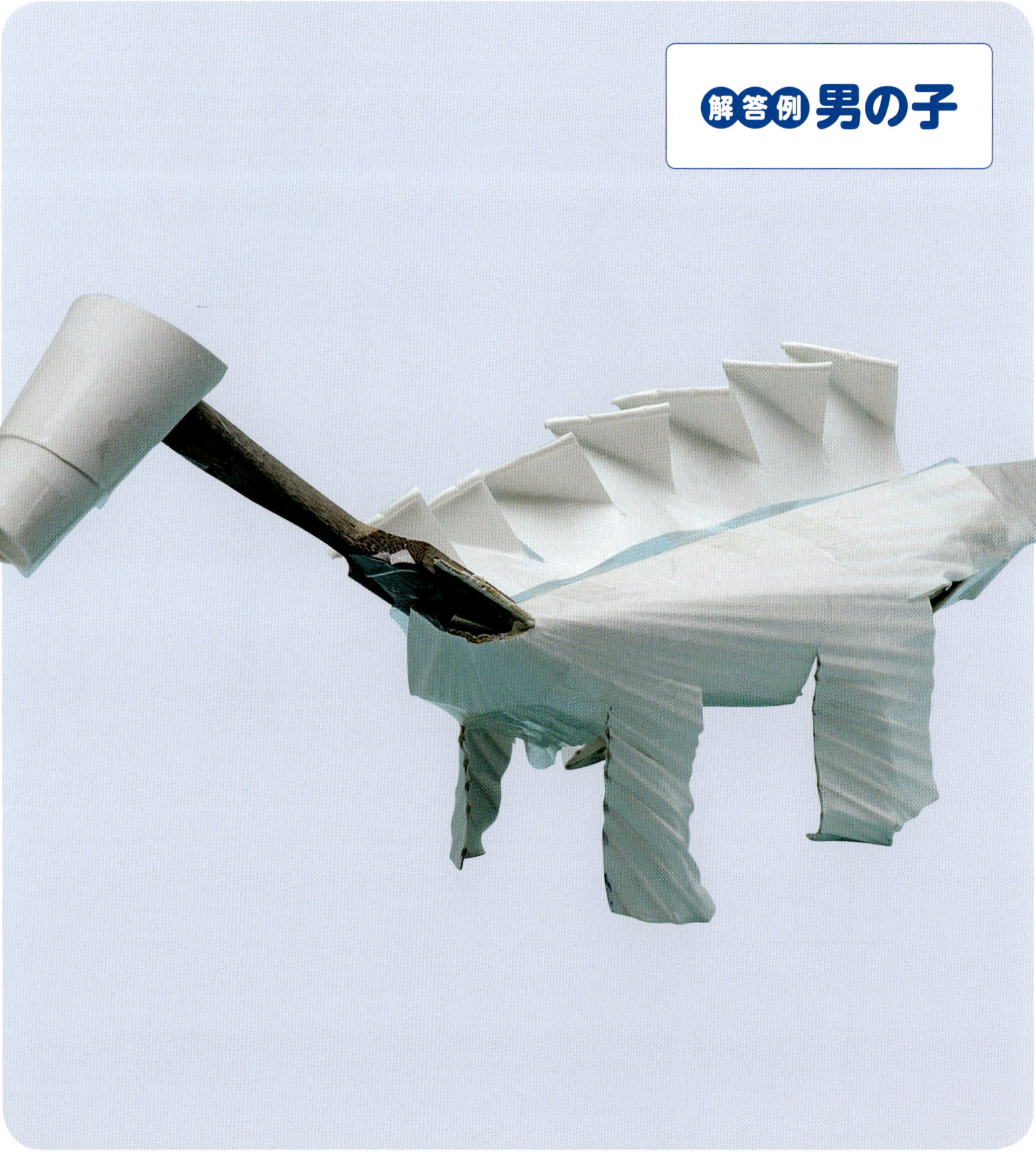

解答例 男の子

解答例 女の子

使うもの／ うちわ、紙コップ、セロテープ、はさみ

ポイント

●うちわの原形を崩して、全く別の形にします。
模範解答は、男の子は恐竜を、女の子は鳥の形を作りました。

過去の受験問題

雙葉小学校

2004年

問題

好きなロボットを作る

女の子

グループ工作
(4～5人)

個人ではなく、数人のグループになって課題の工作を作ります。

使うもの／折り紙、モール、セロテープ、はさみ、シール

ポイント

●一人で工作を作るわけではないので、グループでよく話し合って進めましょう。自分の意見をしっかり伝え、周りの意見もしっかり聞きましょう。道具も全員の数はないので、貸し借りの言葉かけも大事な要素です。

●模範作品はお料理ロボットとおそうじロボットを作りました。

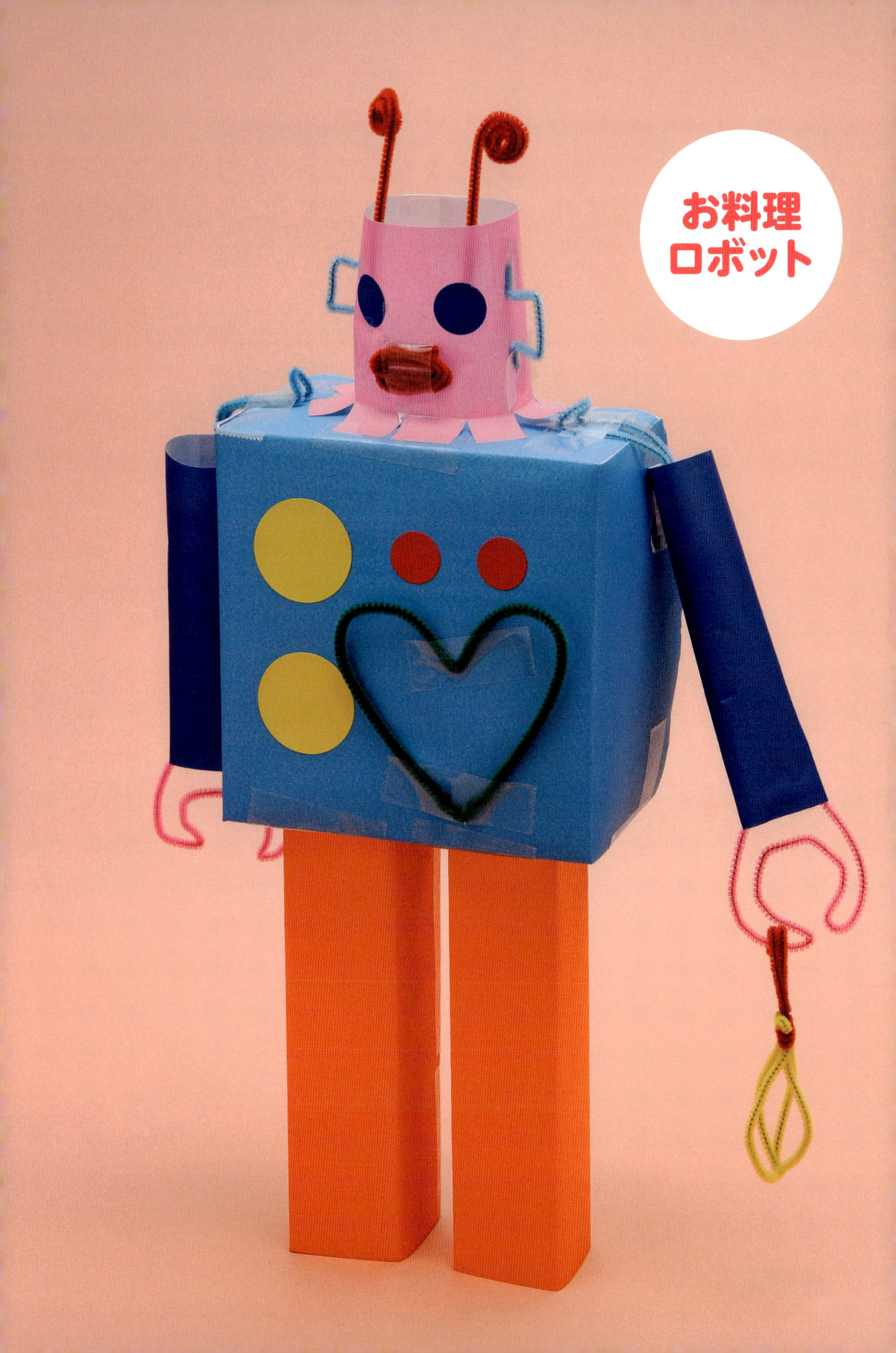

お料理
ロボット

過去の受験問題

横浜雙葉小学校 2003年

問題

ベルを作る

女の子

使うもの／ベルの形の描いてある紙、ひも、はさみ、シール、パンチ

ポイント

●単純な工作ですが、指示通りに作らなくてはいけません。順番をしっかり覚えて作りましょう。

●ひもは１本のひもを２ヵ所に使うので、気をつけましょう。

試験官の指示する順番通りに工作をします。

過去の受験問題

横浜雙葉小学校 2000年

問題

洋服を作る

女の子

グループ工作
（4～5人）

個人ではなく、数人のグループになって課題の工作を作ります。

使うもの／新聞紙、チラシ、はさみ、セロテープ

ポイント

- ●グループで話し合い、テーマを決めて作ります。
- ●新聞紙だけでは色が白と黒だけになってしまいますので、チラシを使ってカラフルに仕上げましょう。
- ●模範作品はお友達の誕生日に着て行くお洋服とバッグ、クツ、帽子にしました。

AERA Kids
新潮45
500

過去の受験問題

田園調布雙葉小学校 2004年

問題

アルミホイルで野原にあるものを作る

女の子

ちょうちょ

うさぎ

使うもの／アルミホイル

ポイント

●アルミホイルが出題される問題は珍しいですが、お家にあるアルミホイルに触れておきましょう。

●アルミホイルは簡単に割《さ》いたり、丸めることができます。自分の好きな形を作りましょう。

●アルミホイルも軽く丸めると、立体的な形を作ることができます。

花

きのこ

どんぐり

過去の受験問題

東京女学館

2006年

問題

しおりを作る

女の子

使うもの／ビニールテープ、はさみ、シール、ひも

ポイント

●たくさんの色が用意されている場合はできるだけたくさんの色を使って作ります。

●しおりのひもの結び方は、ちょうちょ結びやかた結びではないので注意しましょう。

- ビニールテープとシールで好きなもようを作って、しおりを作ります。
- 出来上がったしおりに試験官の指示通りにひもを結びます。

過去の受験問題

東京女学館

2000年

問題

好きな動物を作る

女の子

使うもの／画用紙、紙皿、クレヨン、セロテープ、
はさみ、リボン

ポイント

- 用意された材料をうまく使って、平面でなく立体にします。
- 紙皿の丸い形をうまく活かしてあげます。模範解答は羊の毛皮とライオンのたてがみを表現しました。
- ライオンの顔は切り込みを入れて立体的にしてあります。

過去の受験問題

聖心女子学院初等科 2001年

問題

バッグ作り

女の子

すでに出来上がっている作品を見て、同じものを作る問題です。

使うもの／色画用紙、折り紙、のり、はさみ、えんぴつ、魚とアヒルが描いてある用紙

❶画用紙をＡ図のように半分に折ります。

❷長い四角の折り紙を２回半分に折り、元通りに広げて端の２本の折り線をはさみで切ります。これが持ち手になります。

❸残った折り紙を半分に折り、はさみで切ります。折り目が逆になっていたら色が外側になるように折り返します。

A図

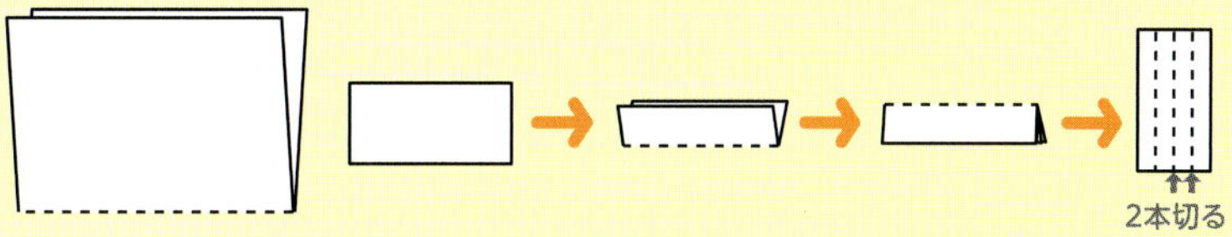

B図

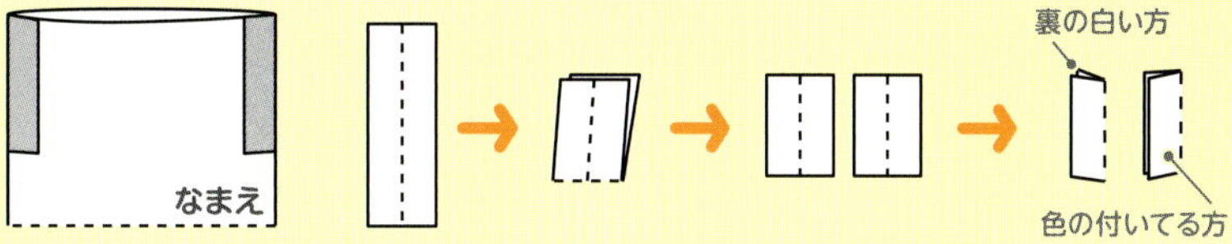

❹魚と鳥の形を線の外側をはさみで切ります。

C図

❺袋の右下に横になるようにえんぴつで名前を書きます。

❻Ｂ図のように、③で切った折り紙を裏の白い方にのりをつけ、袋の一番上にはさむように貼ります。（２つ貼ります）

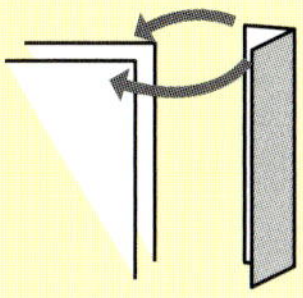

❼Ｃ図のように袋の中央に魚をのりづけして、裏側には鳥をのりづけします。

❽持ち手は２本とも半分に折り、裏の白い方の端にのりをつけて、Ｄ図のように真ん中に２本を貼ります。

D図

過去の受験問題

立教小学校

2006年

問題

折り紙で花びらを作る

男の子

使うもの／折り紙2枚、台紙の折り紙1枚、はさみ、スティックのり

ポイント

●2枚の折り紙を1枚ずつ4つ折りにして、さくらの花びらの形に切り、8枚の花びらを作ります。そのうち5枚をスティックのりで貼り合わせて、さくらの形にします。この時台紙には、さくらの花びらを貼りつけません。

過去の受験問題

筑波大学付属小学校 2005年

問題

つづみを作る

共通

使うもの／形の描いてある用紙、紙コップ2こ、リボン、クーピーペン、セロテープ、パンチ

試験官の指示する順番通りに工作をします。
一度だけ作り方のビデオを見ることができるので、しっかり記憶します。

❶外側の太い線を手でちぎり、ゴミを捨てます。
※両手の親指を離さず、少しずつちぎります。

❷小さな○８カ所にパンチで穴を空けます。

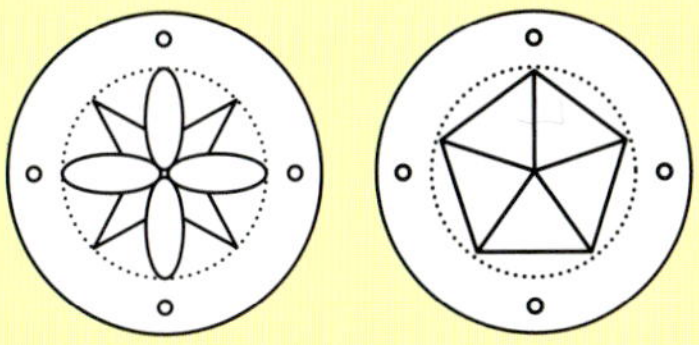

❸点線の○の中に描いてある五角形と花の形にクーピーペンでぬります。五角形は茶色で、花の形は緑色のみ各１色ずつ工夫してぬります。（濃い部分と薄い部分をぬり分けます）

❹紙コップ２つの底を合わせて、セロテープ４枚で固定する（Ａ図） ちぎった①の紙を同じくセロテープ４枚で紙コップに固定する。このとき、穴の部分にセロテープを貼らないように注意します。（Ｂ図）（五角形と花は外側を向くようにし、紙コップが円の中心になるように貼ること。このとき、お互いの穴の位置がそろうように貼ること）

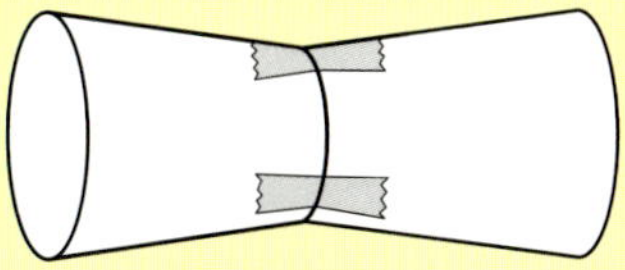

A図

❺①の紙に空いている上下の穴同士にリボンを順番に通し、最後にちょうちょ結びをします。

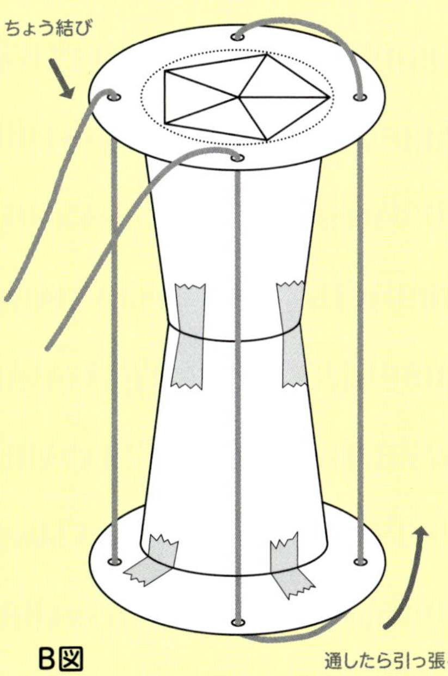

B図

筑波大学付属小学校 2003年

問題

猫を作る

共通

1. 黒い線の外側（猫の顔）を手でちぎる。
2. クレヨンで猫の顔を自由に描きます。
3. 体の線の外側をはさみで切ります。
4. 猫の顔をスティックのりで図のように貼りつけます。このとき、穴の位置に重ならないようにします。
5. ○の位置にパンチで穴を空けます。
6. リボンを穴に通して、一度小さい輪を作り、かた結びをします。一番はしを輪にして、もう一度かた結びをします。
7. ゴミを捨てます。

使うもの／猫の顔が描いてある用紙、
猫の体が描いてある用紙、
画用紙、リボン、パンチ、
クレヨン、はさみ

ポイント

- 実際にいるような猫の顔を描くと、猫らしく見えて良いです。
- 猫の顔をちぎるときは慎重にちぎります。

試験官の指示する順番通りに工作をします。

過去の受験問題

成蹊小学校

2006年

問題

おいしい夕食を作る

共通

使うもの／紙皿、毛糸、画用紙、クレヨン、セロテープ、紙コップ、はさみ

ポイント

●紙皿に直接絵を描くのではなく、それぞれの材料で立体的に食べ物を作ります。毛糸の色により作れるものが変わります。

●クレヨンがあるので、全体の配色を考え、おいしそうに見えるように工夫します。

●紙コップの高さを半分に切り、底の部分に色をぬってプリンにし、残りの部分でスプーンを作りました。

桐朋小学校

2006年

問題

見本と同じものを作る

共通

すでに出来上がっている作品を見て、同じものを作る問題です。

使うもの／画用紙、ダンボール、クレヨン、のり

ポイント

- 先に絵を描いてから組み立てるようにしましょう。
- 線の部分は正確に折り、正確に切りましょう。
- 自由に絵を描く部分は形に合わせたものを描きましょう。
- ろうそくの台はダンボールを丸めてあります。

過去の受験問題

青山学院初等部 2007年

問題

好きなお面を作る

男の子 女の子

使うもの／色画用紙、毛糸、はさみ、セロテープ、クレヨン

ポイント

●毛糸はモールと違って立たせることはできません。髪の毛や動物の毛などを表現しましょう。貼りつけるとき、長めの両面テープを作って、そこにまとめて貼るようにします。

●毛糸の質感をうまく感じさせるために、束にして使います。毛糸をはさみで切るときは１本ずつ切るのではなく、束にしてまとめて切るようにしましょう。（手に巻きつけるなど）毛糸を貼りつける場合は、長めの両面テープを作り、お面に貼り、そこに毛糸を押しつけます。

●毛糸が出題されている場合は毛がたくさんある動物を選びましょう。

●指先に巻きつけると、ボールのような形を作ることもできます。

夢いっぱいのお菓子の家

家の中にあるいろいろな物を
自由に組み合わせて
楽しい作品を作ってみましょう。
きっと、誰でも工作が好きになると思います。

●著者プロフィール

湯《ゆ》原《はら》 利《とし》枝《え》

東京都生まれ。

1977年 多摩美術大学絵画科卒業。

1982年 湯原絵画教室を設立。

1983年 小学校受験クラスを開講。

今までに2000人以上の生徒を指導し、受験に焦点を絞った独自の指導法で毎年、数多くの合格者を送り出している。

ママとボク パパとワタシの
お受験工作教室

編集
岩渕 央
カメラマン
井澤 広幸
カバーデザイン
鈴木 智弥
本文デザイン
都筑 優樹 (株式会社シーティーイー)
吉冨 令香 (株式会社シーティーイー)
大嶋 紗緒里 (株式会社シーティーイー)

2014年5月15日 第1刷発行

著　者 湯原 利枝
発行者 安部 達也
発行所 ルネッサンス・アイ
〒113-0033 東京都文京区本郷2-25-6
Tel.03-6657-8575　Fax.03-6657-8575

発売元 白順社
〒113-0033 東京都文京区本郷3-28-9
Tel.03-3818-4759　Fax.03-3818-5792

印刷・製本 モリモト印刷株式会社